复合书店新浪潮

李想/编著

广西师范大学出版社
·桂林·

图书在版编目（CIP）数据

复合书店新浪潮／李想编著．—桂林：广西师范大学出版社，2021.1

ISBN 978-7-5598-3079-1

Ⅰ．①复… Ⅱ．①李… Ⅲ．①书店－发展－研究 Ⅳ．① G235

中国版本图书馆 CIP 数据核字（2020）第 144561 号

复合书店新浪潮

FUHE SHUDIAN XIN LANGCHAO

责任编辑：季　慧

助理编辑：杨子玉

装帧设计：马韵蕾

广西师范大学出版社出版发行

（广西桂林市五里店路 9 号　　邮政编码：541004
网址：http://www.bbtpress.com）

出版人：黄轩庄

全国新华书店经销

销售热线：021-65200318　021-31260822-898

广州市番禺艺彩印刷联合有限公司印刷

（广州市番禺区石基镇小龙村　邮政编码：511400）

开本：720mm × 1 000mm　1/16

印张：17　字数：140 千字

2021 年 1 月第 1 版　2021 年 1 月第 1 次印刷

定价：188.00 元

FOREWORD

前 言

2013 年，我们和钟书阁品牌第一次合作的门店，在上海市松江区泰晤士小镇落址完工。景区内统一建造了众多欧式建筑，放眼望去，到处都是红砖立面墙和漂亮的尖顶，不远处还有一座天主教堂。

▲钟书阁（上海泰晤士小镇店Ⅰ期）

钟书阁找我们做设计的时候，该品牌正处在濒临倒闭的困境。2012 年，实体书店行业受到网购的巨大冲击，国内多家民营书店倒闭。这样的局面并非一朝一夕形成的。早在 1999 年，当当网上商城成立；2004 年，亚马逊进驻中国市场。科技的进步加上网购的普及，线上书店布局的“兵线”终于推倒了线下实体书店的“边防”。好在 2013 年，政府出台政策免去了图书批发、销售等环节的增值税。原本以教材、教辅类图书为主要经营利润来源的钟书阁，也趁着这次机会开始思考品牌的变革之路。

钟书阁的业主金浩老师对我们提出了一个很有趣的诉求——打造一家最美的书店。作为我的第一个跨界室内项目，这样“与众不同”的设计诉求令我哭笑不得：搞文化出身的甲方连设计需求都这么写意吗？事后回想，也正是金老师这个看似“轻飘而又不切实际”的诉求背后的信赖感，才促使我们在第一次涉足室内商业空间时，就敢于呈现一种突破传统、“充满争议”的设计效果。

诚然，关于“最美”的定义有千百种，而我们最后创造出来的空间，仅仅是将塑造某种情绪和氛围、传达某种精神作为设计的出发点而形成的。我们把“书籍”铺满了地面，把书架延伸至吊顶，甚至连楼梯踏板也被我们当作储藏格，填满了“书籍”。于是，读者一进门就会感觉自己从普通的生活场景中转换到了一个充满了书籍的空间。

回到街角，我们在符号化的欧式立面上包裹了一层玻璃，并且用 20 多种语言写成的名著片段以及凝结人类智慧的科学公式对其进行装饰。差异化的设计获得了多方好评和读者的喜爱，同时品牌也在业内打响了名号。

一期大获成功以后，业主打算把整座建筑都租下来，改造成二期的门店，并计划新增售卖咖啡和文创产品的区域。我赞同第一个提议，因为一期也设置了咖啡卡座区，而二期基于实际运营中观察到的消费需求，可以顺理成章地正式拓展出咖啡区。但我否定了业主希望把一块 50 平方米左右的空间改造成文创产品售卖区的想法，而且建议把这部分空间做成儿童阅读区。业主接受了我的建议。于是，二期延续了一期的理念，围绕阅读体验更精准地划分出了符合不同人群阅读需求的功能区——从设计细节中体现出的品牌价值观自此更加深入人心。

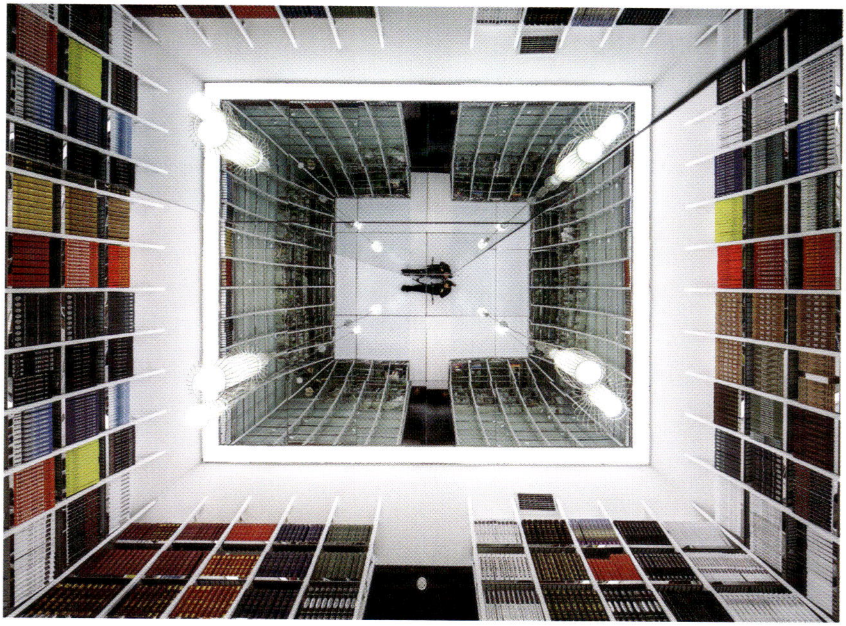

▲钟书阁（上海泰晤士小镇店 Ⅰ 期）

▼钟书阁（上海泰晤士小镇店 Ⅱ 期）

2014 年，实体书店的零售额实现了约 3% 的增长，基本遏制住了行业整体下滑的趋势。同时，“复合书店”这个在互联网冲击下诞生的产物，逐渐发展成熟，各种成功范例也为市场指明了转型的方向。我们和钟书阁就此开始了长达数年的合作。

2016年，钟书阁（上海闵行店）完工。我们希望呈现出“万花世界”般的“书殿”幻景。代表着平衡的陀螺书架静立于光影之中，黑色书架墙与陀螺之间又有着静态与动态的呼应，在镜面的映衬下，有一种英式教堂般的神圣之感。

在此时，“书店＋咖啡店”已成为消费者非常熟悉的新型书店模式。当人们再次走进书店时，他们对空间产生了更多期待，“以阅读来打发时光”成了更适应当下的一种精致的生活方式。同时，客流的回增也让门店有机会举办各种活动。至此，书店开始附着社交和文化交流等功能属性。从设计层面来说，我们会以机动性的家具摆放来满足运营方举办签售会、读书沙龙等线下活动的需求。

同年，钟书阁作为一个上海本地品牌第一次发展到了其他城市。我们设计的钟书阁（杭州店）在 G20 峰会期间面世了。在杭州钟书阁，我们使用横纵镜

▼**钟书阁（上海闵行店）**

面来“扩大”空间。书架被做成一根根树木的模样，使整个空间看起来仿若“书籍之林”，传递给读者无穷的力量。同时，又将阶梯阅读区打造为可以观赏气势恢宏的钱塘江潮水的“艺术剧场”，赋予每个区域独特的美感与氛围。

由于杭州店开业时恰逢世界级盛会的举办，这里迎来了诸多前来“打卡”的国际友人。借此机会，在以钱塘江文脉而闻名的杭城，被赋予文化魅力的杭州钟书阁，作为中国新型书店蓬勃发展的缩影，得以被世界所关注。钟书阁品牌顺应实体书店发展变革的大趋势，在商业模式的演进方面有其独特的思考。而作为合作设计者，我们也从设计角度出发，致力于为业主筑造品牌壁垒。我们看到，在实体书店迎来生机的这几年里，出现了一些盲目跟风的商户，但单纯复刻多业态融合的复合型商业模式是远远不足以支撑一个品牌。设计师只有在设计策略中结合对商业维度的分析，才能为客户创造更多的品牌价值。

▼钟书阁（杭州店）

▲钟书阁（扬州店）

2016年6月，钟书阁（扬州店）开业。在设计这座历史文化古城的第一家钟书阁之初，我们依然秉承了融合当地文化特色的设计理念。扬州的拱桥与河流是极具代表性的文化基因，我们便将它们融入钟书阁，成为绝佳的视觉符号。正门的前厅内，两厢的书架以优美的弧形结构拉伸天际线的形状，构成一架优美的桥梁；地面上的黑色钢化玻璃倒映着书架和读者，仿若流水经过桥洞，流淌着诗书古韵。阅读区内，我们用同样简洁的结构打造出了意象化的、具有诗意的符号，几何阵列充满了纯粹的美感。扬州店开业后格外受当地人的喜爱——在当时缺乏具有情怀的公共空间的扬州，这家融合了在地文化的钟书阁，仿佛是我们为这座城市建造的公共书房。

之后，钟书阁陆续去到了越来越多不同的城市。我深知这一品牌想要获得持续的成功，除了建筑形式与内容的创新与突破外，更重要的是让它的人文内涵变得丰盈，使在地文化与钟书阁更好地融合在一起。读者步入钟书阁，还未翻开书，其实就已经在阅读城市文化这一美妙的“读物”了。

钟书阁（成都店）以“梯田”作为设计灵感，打造了一个兼容阅读和讲座的多功能复合空间。看似随意的线条勾勒出了梯田的地理样貌，同时也满足了读者倚坐的使用需求。主阅读区内，充满成都街头特色的红砖被我们“复刻”到了空间内，希望能够给读者带来漫步街头的闲适感。

▼钟书阁（成都店）

之后，在我们设计钟书阁（贵阳店）时，独特的喀斯特地貌成了我们宝贵的灵感来源。我们希望贵阳店与这座城市一同成长，让消费者到此，“望得见山，看得见水”，也让在地文化更加深入人心。书架的形态在镜面折射的作用下，显得气势宏大。童书馆内，我们把美丽的少数民族图腾转印在了墙面上。最令当地人印象深刻的还是前厅的“隧道”设计，说起来还有一个有趣的小故事：贵阳店的负责人格外喜爱扬州店的拱桥设计，一定要在贵阳店内也复制一个同样的空间。当我说“你们贵阳也没有标志性的拱桥啊”时，对方却答：“但我们进城前有一段很长的隧道啊。”于是就有了这样一个空间：通过地面上黑色玻璃的折射，整个空间十分深邃。我们把摆书台设计成了船的造型，寓意书籍载着我们徜徉在知识的海洋里。

▼钟书阁（贵阳店）

▲钟书阁（重庆店）

2019年初，适逢春节期间，我们设计的钟书阁（重庆店）开业了。阅读厅魔幻的山形阶梯让这家店在春节期间迎来了打卡狂潮，门店一度需要“限流”才能够保证消费者有良好的体验。书店就像这座城市一样极富探索的体验乐趣：既有攀上攀下寻觅一本好书的愉悦，也能在大灯罩书架内品一杯咖啡，享受私人书房的静谧。

我们与钟书阁品牌合作了七年多，前后设计了十余家书店，我们始终秉承“连锁不复制”的态度，立足地域本身，创造富有地域特色与灵性的设计，将每个地方的自然特质和神韵刻画进钟书阁，收获“城市文化名片”的新标签。

复合书店的诞生，意味着多元业态的融合，也意味着书店开始售卖非书籍类产品，甚至是服务。以钟书阁来说，最常见的模式是“书店+咖啡店”以及“书店+轻食（一些西式简餐等）”，其他常见的模式还有“书店+产品”，如言几又、方所这些书店里常设文创产品、工艺品展柜。此外，还有“书店+空间”模式——书店会指定部分空间作特殊用途，如当作画廊、展厅。

▼ AL RAWI 复合书店

书店已经由十几年前，我们小时候所熟悉的那个街边小店的样子，转变成了一个个设计新颖、装修精美、充满咖啡和甜点香气的休闲场所。书店似乎更接近人们口中“商业空间”的模样了——有人奔着书店的设计前去拍照，有人冲着感兴趣的活动而来，有人甚至仅仅是路过，进店来喝杯咖啡而已。于是我们开始听到一些声音：书店就应该只有书，让人专注读书；如今的书店越来越商业化，实在令人惋惜……随之而来的还有“网红”这个被污名化了的标签，似乎“网红＋书店”的组合就是背离了书的神圣，或是阅读的本质。但实际上，这些所谓“商业化”的现象都不过是商业竞争下的实体店所面临或将要面临的常态。因为书店本就是商业空间，它可以有情怀，可以玩诗意，也可以有坚守，但不管怎样，它作为商业空间的本质不变。

现在当我们再试图去理解书店时，不应该只将其视作一个简单的零售空间。再小体量的书店，都可以是一个文化品牌，产生衍生服务。不论是阅读体验本身的变化，还是整个空间体验的变化，都是迎合当下消费者心理需求的产物。和其他体验式消费空间一样，它贩卖的是一种生活方式。也正因如此，书店才不同于图书馆，它和所有的线下商业场所一样，会受市场波动的影响。它们也会遇到困境：我们看到了读库搬迁，看到了北京标志性的独立书店单向街书店合伙人、作家许知远发起线上众筹，还看到了更多独立书店因无力维持而宣告歇业。2020 年，当我们关注到书店作为商业空间所面临的现实困境，并开始思考疫情后实体书店的未来走向时，我们应该做好准备去包容一个或许会拥有更复杂形态的书店。

CONTENTS

目录

魔幻世界里的诗意书店

基本信息

项目名称：钟书阁（重庆店）
项目地点：中国，重庆
项目面积：1 300 平方米
完成时间：2019 年
设计公司：唯想国际
主设计师：李想
摄影：邵峰

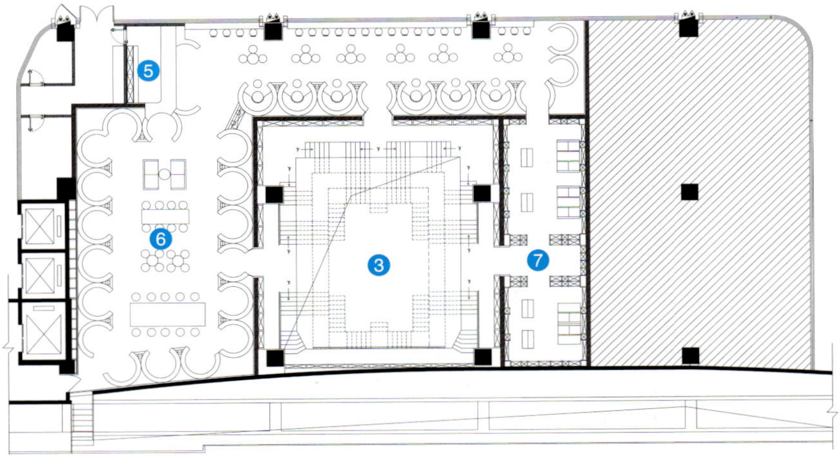

四层平面图

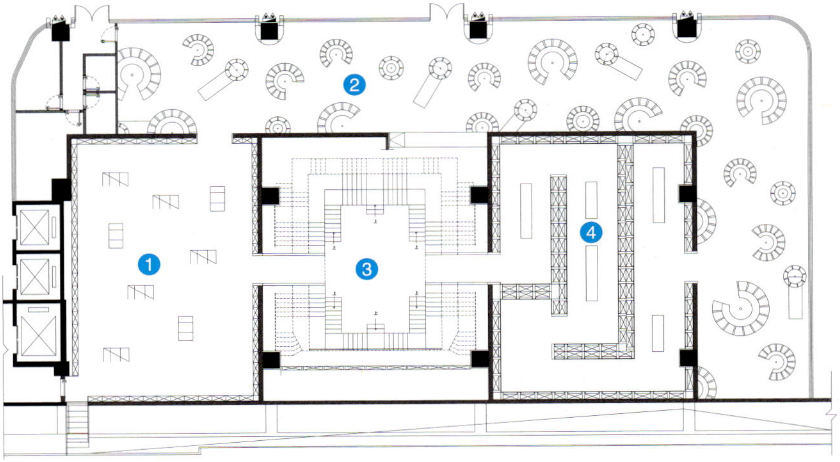

三层平面图

案例 01

1. 童书馆
2. 灯罩书架
3. 山形阶梯
4. 阅读长廊
5. 咖啡吧
6. 休闲咖啡阅读区
7. 精品阅读区

钟书阁（重庆店）坐落于重庆市九龙坡区杨家坪中迪广场。从三楼扶梯上去，首先映入眼帘的就是“钟书阁”品牌特有的文字幕墙。从正门进入大厅，可以看到以深棕色为主色调的空间内放置了大大小小的“灯罩书架”，配上暖暖的灯光，读者可以在书桌前放下疲惫，享受阅读时光，感受被一个大大的“灯罩形书房”包围的温暖。

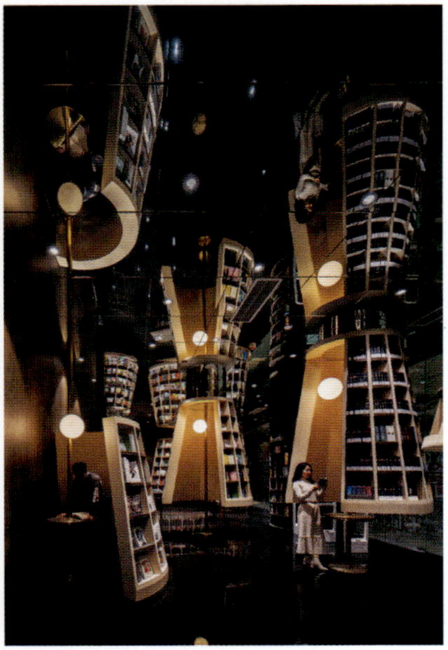

指南書

从“灯罩形书房”出来就来到了阅读长廊：一道道门拱两侧设置了整齐的书架，在地面的反射下形成一道道“穿越书海的隧道”；而摆书台仿若在引领读者走向知识的尽头。进入童书馆，首先映入眼帘的是五颜六色的儿童绘本区，这里突出了缤纷的主题，并对重庆独有的山城景观、建筑、交通特色进行了描绘，让小朋友在读书的同时，也可以领略到山城独有的魅力。

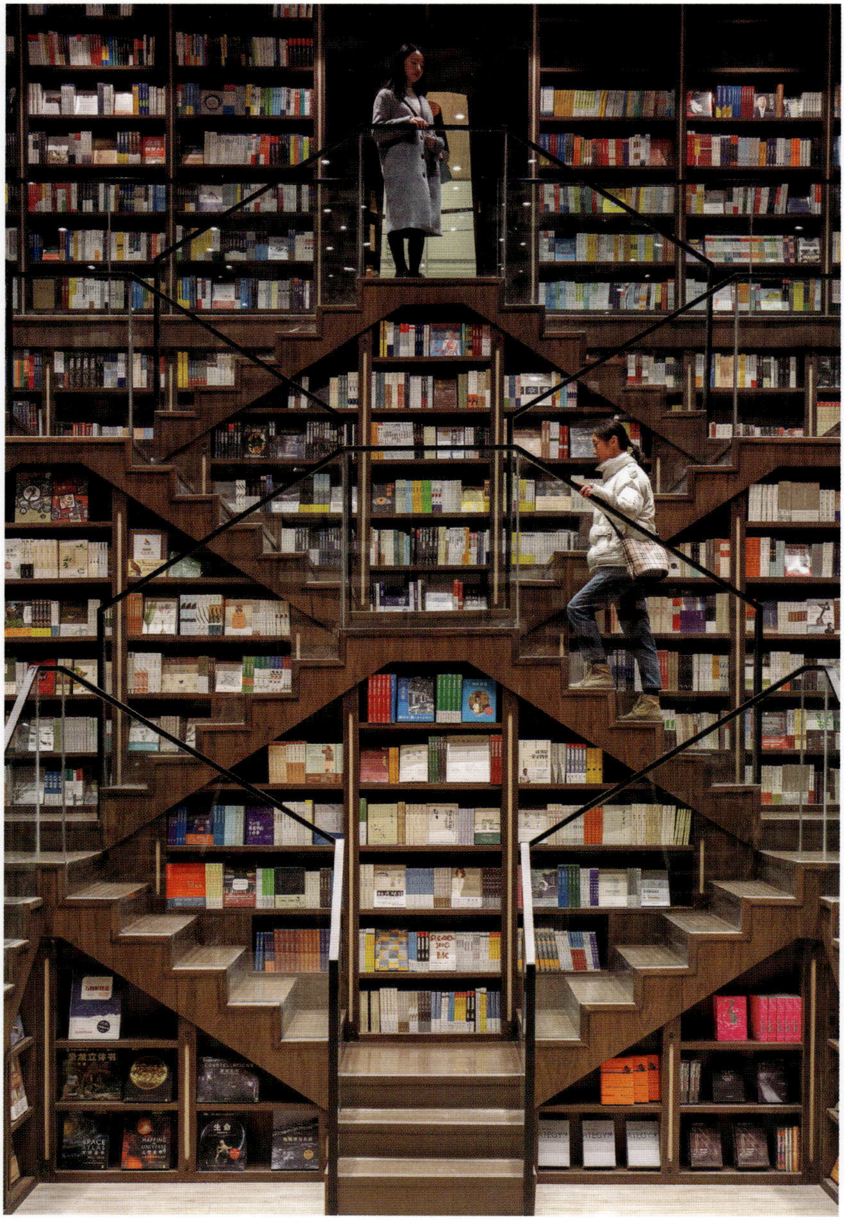

从阅读长廊和童书馆出来就到了阅读厅——整个空间被“山形阶梯”层层环绕，天花板被镜面覆盖，倒映出一个亦真亦幻的镜像空间。拾级而上，读者可以时而登高，时而远眺，亦可以随手拿起一本好书。

四楼是休闲咖啡阅读区。在这里端起一杯咖啡，伴着一抹淡淡的馨香，心绪如一潭池水般平静。这时翻阅手中的书籍，仿佛可以走进那与不同故事邂逅的异世界。设计师利用“灯罩书架”围合成了一个

个私密的卡座。在这里，人们可以与朋友相聚，享受休闲时光。与休闲咖啡阅读区相连的是精品阅读区，在这里，读者可以感受到各个领域的先贤大师的人生智慧，接受一场心灵的洗礼。

设计团队希望每一个来到钟书阁的人，不单单只是找到了新书、好书，还可以在这里遇见许多志同道合的朋友。因为这里既是一个人与书籍的交流空间，也是一个人与生活的交流空间，更是一个人与人的交流空间。

THE BRAIN

由情怀做支撑，以文化为桥梁

基本信息

项目名称：物质生活书吧
项目地点：中国，深圳
项目面积：300 平方米
完成时间：2018 年
设计公司：水平线设计
主设计师：琚宾
摄影：井旭峰

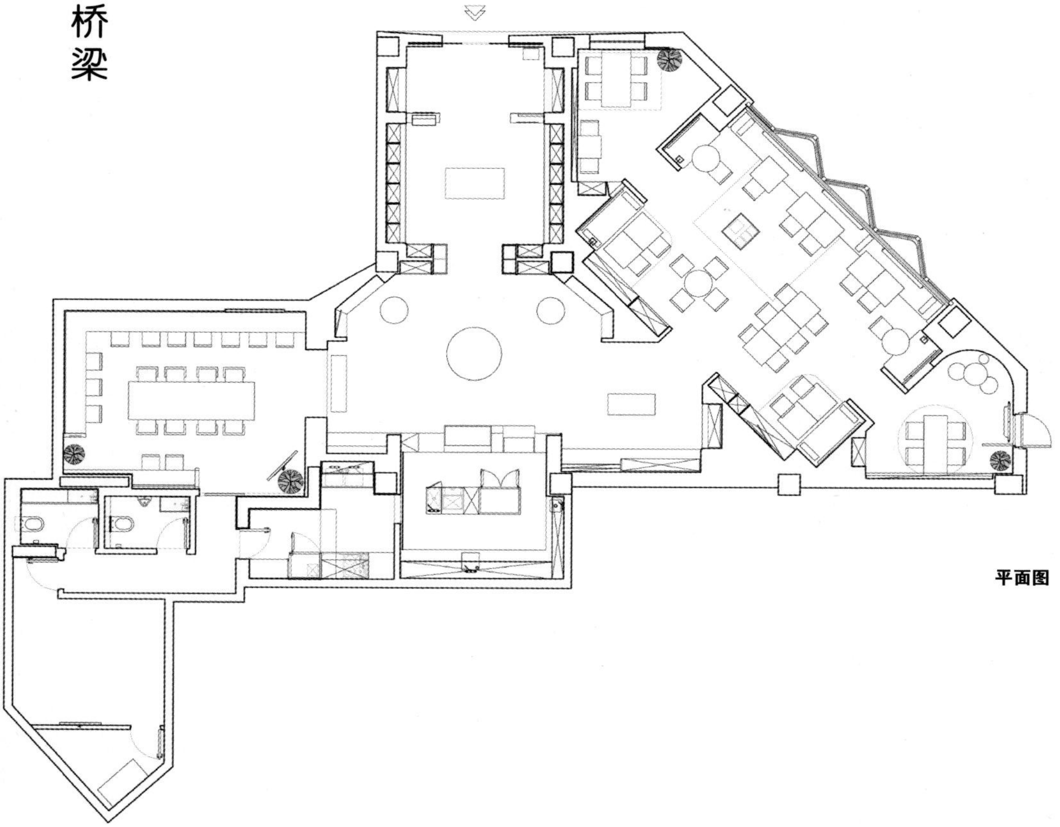

平面图

案例

02

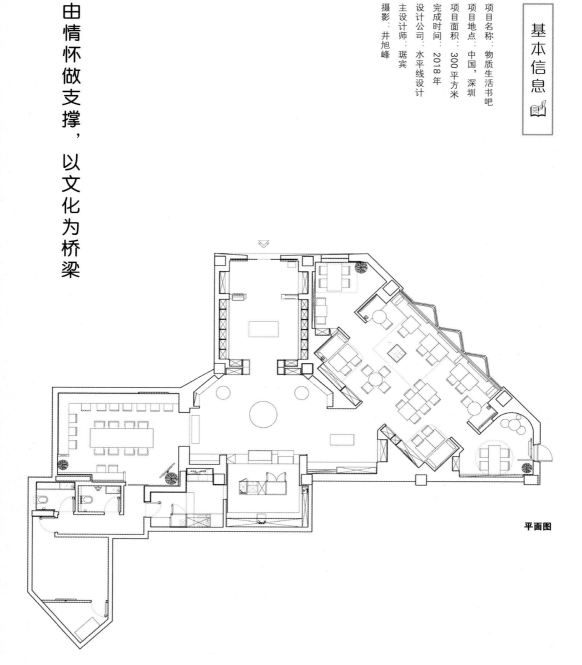

LA VIE MATÉRIELLE 物質生活

“物质”是“生活”的基础，从唯物主义的角度来看，它是组成世界一切事物的根本。“书吧”本身是高于生活的，可以说，“物质生活书吧”这个名字起得很好：耐读、好听，写出来做成招牌还好看。

NO LOGO

一进门，人会立刻变得“贪心”起来，想“打开”、想“汲取”，还想抛开别的社会属性，在其中“隐藏”起来。一旁并不抢眼的玻璃框中盛着旧时的记忆——那些年的报道，那些人的题字，还有那些年的荣誉。右侧的木盒子空间是刻意留出的——孩子们放学后可以在此暂留、做作业，那里有着让人安心的光线和舒适的座椅。

室内颇具仪式感，蓝色的空间与阳光，让人感觉像是在巴黎街边的咖啡馆，仿佛一伸手就能触到人文、艺术的美好。无论天气如何，空间的色调都会让人感到明媚。这里也许更靠近理想中的生活，或者说，更

便于人们将诗意的自己唤醒。于是，桌上原本常见的多肉植物也变得珍稀了起来，玻璃杯中的柠檬水在冬日里也滋润了许多。感受得以放大，时间仿佛放慢，好像生命也因此而延长了些许。

深处的绿色空间连接着外界，同时也连接着旧时空。活字状的装置物像是在表达着什么，但有可能又什么都没有表达。一旁的柜子里摆着那些年的留言本、各式的书籍，它们的纸质、形状、色彩都不一样，在此不仅仅充当着空间内的装饰或景物，还代表了时光的痕迹——内里有着千百人、千百样不同的、曾经滚烫的字迹，有内心独白，有诚挚祝愿——那些是实实在在的、可以触碰的记忆片段。随手翻看，回忆这个世界曾经的景象，穿越般地回到当初某个时间点，同时感受过去与未来。

（文：琚　宾）

带你漫游太空

案例

03

基本信息

项目名称：言几又（成都 IFS 旗舰店）

项目地点：中国，成都

项目面积：4 082 平方米

完成时间：2016 年

设计公司：峻佳设计

主设计师：陈峻佳

摄影：Dick

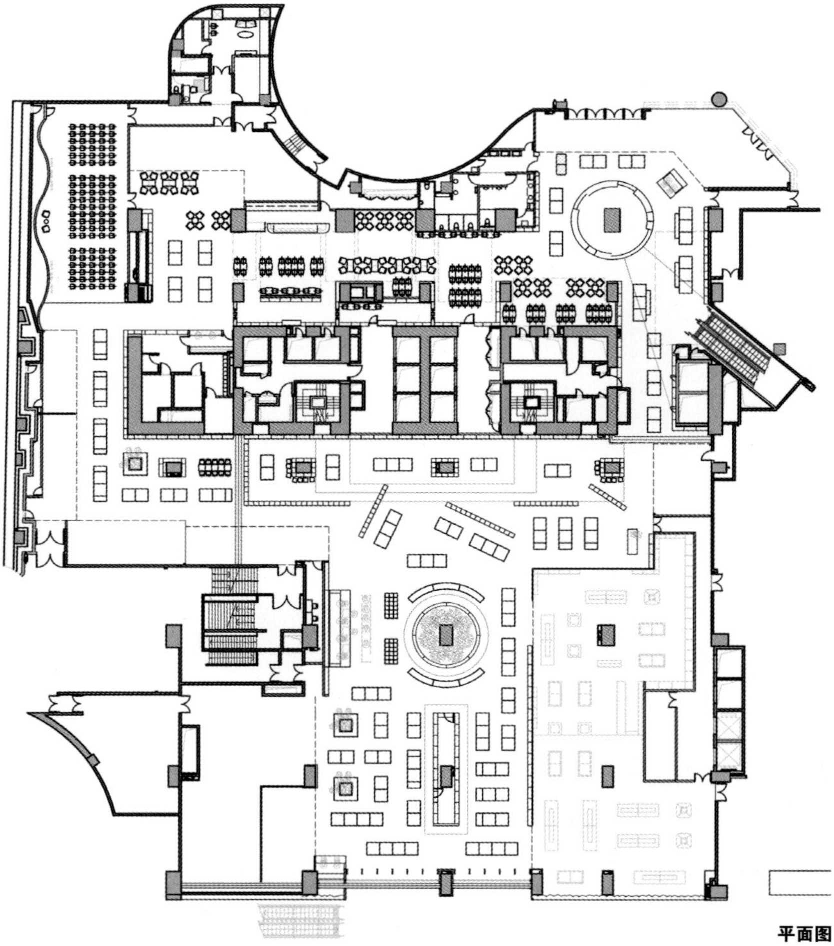

平面图

言几又
YAN JI YOU MAKE LIFE DIFFERENT

城市是一本打开的书，从中可以看到它的抱负。文化空间则是使一座城市充满无限可能的留白，正是空间的设计使得建筑更有意义。在成都这个兼具商业气息与人文精神的城市，以IFS国际金融中心地标所指引的城市新未来为参照，言几又IFS旗舰店以“未来”为设计主题来呼应品牌“传达生活可能”的精神，又以“造梦空间”来呼应城市新公共生活。

“传达生活可能”是“言几又”的品牌精神，峻佳设计以书籍为线索，契合“未来”主题，将探索性的设计表达贯穿九大业态，即书籍、产品、咖啡、餐厅、美发、演讲、儿童、超市和手工体验不同空间的集合。

一直以来，空间设计都是建筑的配角，而峻佳设计将建筑巧妙地搬进了空间，创造出特色书区这种突破常规的区域。几何形状的空间架构与贯穿书区的铁网虚实相生，成为这个“未来世界”的有力支撑。而这也是设计方和品牌方共同希望传达的精神：未来具有无限可能。

人类追随着未来的脚步不断向外太空探索，以此为灵感，峻佳设计将“未来”主题聚焦到富有科幻元素的空间设计上。这个只有30多平方米的狭长空间是店内唯一的咖啡厅，设计团队以“太空舱”为灵感，用孤线去打破狭长空间带来的压抑与拘束感，黑与白的搭配营造了一种宇宙空间的深邃，供人休憩与思考。咖啡厅旁有三个不同的书区，也有发廊。不同业态空间的结合同时加强了空间体验感。

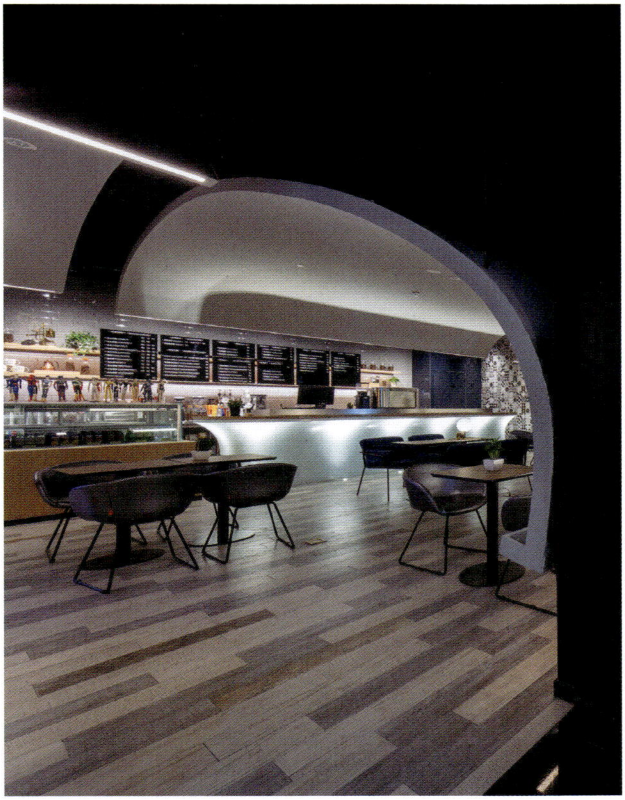

由书籍所承载的文化本身就代表着一段走向未来的旅程。咖啡厅旁的过道相对狭小，是以富有想象力的“太空舱”元素为设计特色的书区。行走其中，如同置身太空舱，遨游于广袤的书海，远征未来。抬眼可及的位置，是以玻璃环绕而成的绿植岛屿，透明而独立。这座秘密花园和四方书物一起传递着诗与远方的存在。

通过丰富的想象、艺术化的表达、对材料娴熟的运用、对空间尺度的精准拿捏、对色彩质地的细微感知……峻佳设计打破原有钢筋混凝土的僵硬，重塑人们对空间的理解，生成超越现实的想象。

演讲活动区作为一个空间，更讲求人与人之间的交流互动，它是多元思想和声音交织的场所。在“未来”设计上更重视空间的独立性与空间内交流的便捷性。设计团队利用几何与流线形成平衡，通过书架隔断突出独立性，满足演讲区域的功能需要。

正如建筑追求力与美的平衡表达，商业空间必然追求设计感与品牌需求的平衡——从“场景实验”到“探索未来”。峻佳设计给出了一个关于“未来”的方程式，等待人们去体验，并给出自己的答案。

POP-UP
WORLD OF
DINOSAURS

以艺术为核心的复合空间

基本信息

项目名称：AL RAWI 复合书店
项目地点：阿联酋，沙迦
项目面积：815 平方米
完成时间：2018 年
设计公司：Pallavi Dean 室内设计工作室
摄影：Pallavi Dean 室内设计工作室

二层平面图

一层平面图

1. 正门入口
2. 电梯
3. 餐吧
4. 休息区
5. 零售空间
6. 厨房
7. 接待区
8. 办公区
9. 手工作坊区
10. 餐饮区
11. 女卫生间
12. 男卫生间
13. 平台
14. 库房

案例 04

AL RAWI 复合书店内设咖啡馆和零售空间，吸引了众多作家、艺术家和设计师前来。

设计团队从人们与书籍互动的各种方式中获得了灵感：有的人会写笔记，并用笔画出重要的句子；有的人喜欢在页面上粘贴便签，或是将特定的书页折起来；也有不想折书页的人会将参考卡片夹在特定的书页之间作为标记，以便下次继续阅读。当然，有些读者有长时间阅读的习惯，他们往往会坐下来读上几个小时，还有些人则喜欢间歇性地阅读。设计团队将人们的这些阅读习惯牢记于心，并运用在书店的诸多细节之中。

AL RAWI

人们可以在零售柜台买到书籍、文具和其他文创产品。装有轮子的零售装置大多时候被放在一层和入口处，以确保更多的访客能够看到。当有新书上架时，很容易就可以被移到顶层。每个柜台都有一个可以存放产品的台座，它们的色彩与 AL RAWI 的标识相呼应。书架位于地面上，而不是墙上，上面摆满了书籍，营造了一种光影交错的场景。这些架子形成了一面分隔空间的墙体，将其旋转 90° 后可以使空间变得更加开阔。虽然书架的主要功能是展示书籍，但其设计非常灵活，也可以用来展示其他东西。

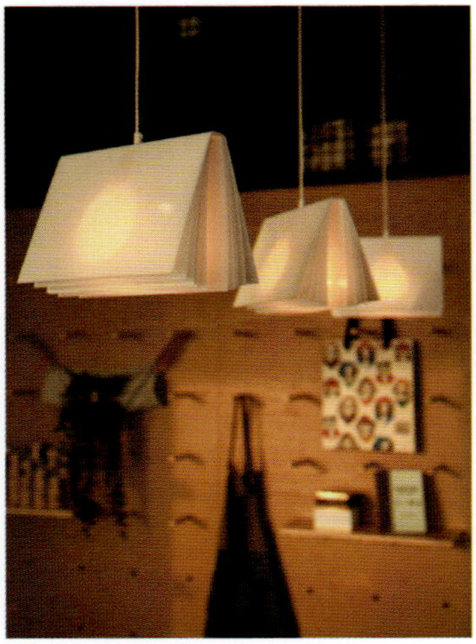

设计团队赋予了这个空间新颖、灵活的流线型线条。早上这里是一个安静的阅读和工作场所，在午餐时段则变成一个气氛活跃的餐厅，到了晚上又成了一个举办新书发布会和座谈会等活动的理想场所。

Parties
baking

AZUL
THE PAULO COELHO COLLECTION
7 WONDERS

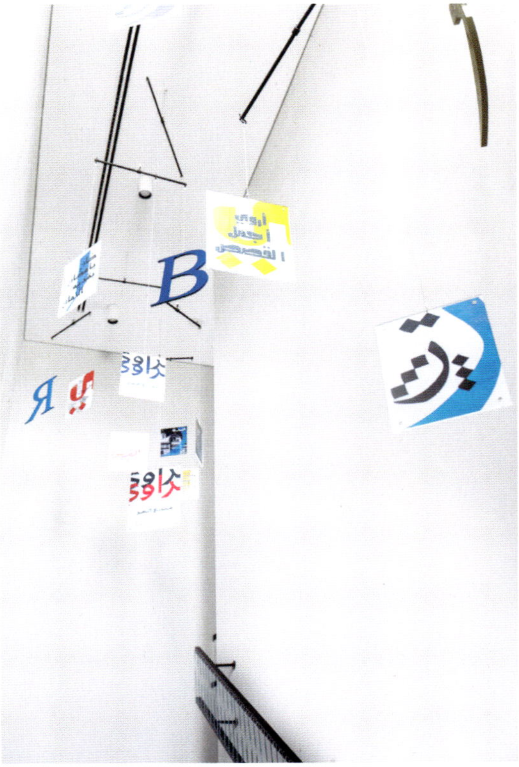

案例

05

沉浸式体验的绝佳选择

基本信息

项目名称：Thalia 书店

项目地点：德国，哈根

项目面积：1 400 平方米

完成时间：2018 年

设计公司：JHP 设计工作室

摄影：康斯坦丁·迈耶（Constantin Meyer），科恩（Köln）

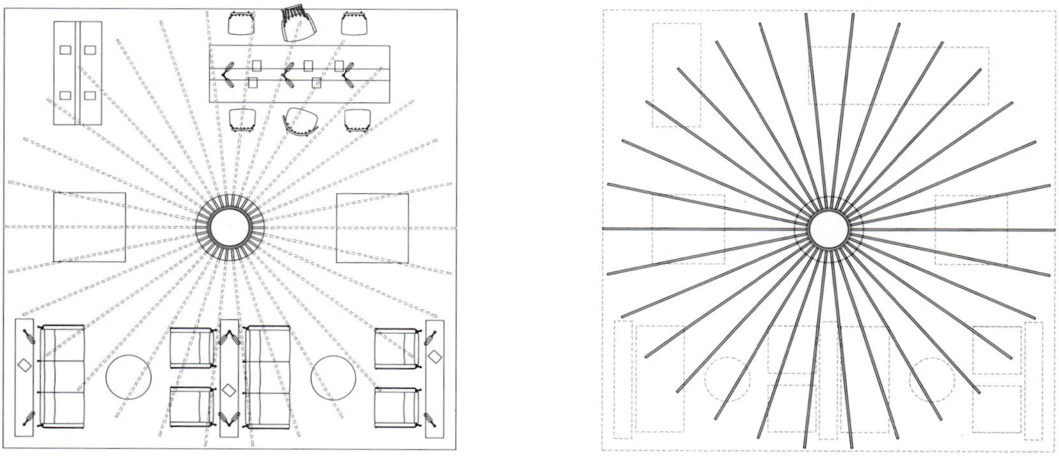

平面图

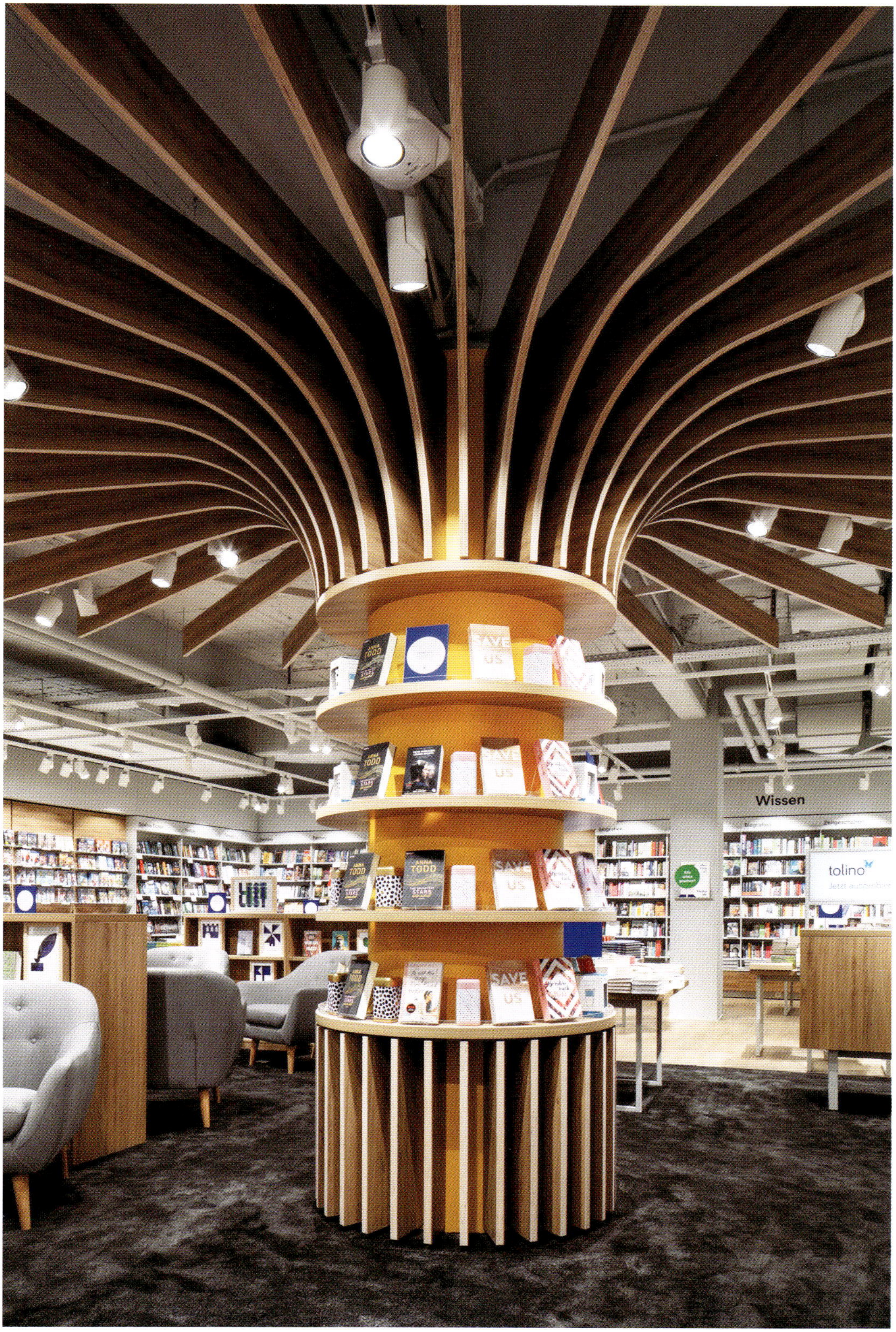
Wissen
tolino
ANNA TODD
SAVE US

Thalia 书店在德国、奥地利和瑞士有 300 余家分店，也有经营良好的线上业务，并与 Tolino 电子阅读联盟有着很好的合作。JHP 设计工作室接受了 Thalia 书店的委托，创造了一个新颖的书店概念。设计核心是通过虚构之物和各种信息，邀请读者写下自己的故事，或者只是简单地倾听，以满足读者的需求。原

有预期是借助多种形式或数字手段，使读者每次来到这里都能获得不同的体验。

设计团队设法对书店的各处细节进行改造——从店面到销售体系——并将其改造成鼓励交流的沉浸式交互书店。设计团队将图书签售、故事会、写作课程和数字讲座等活动整合在一起，让读者有机会潜入他们想象中的世界。

整个书店充满了令人兴奋的特色，这些特色使读者愿意在里面逗留很长时间。空间引入了与众不同的“树状结构”，以突出学习功能。在这里，读者可以坐下来，沉浸在图书内容中，并体验 Thalia 提供的多种数字化场景。彩色的立柱、数字导航屏幕、文学咖啡馆、儿童游乐场和互动阅读区都是为了完善顾客的体验而设，既能延长他们逗留的时间，也可增加他们每次体验的趣味性。

Buch
Liebe

Phantastische Welten
Phantastische Welten

上海的人文书房

基本信息

项目名称：思南书局
项目地点：中国，上海
项目面积：640 平方米
完成时间：2018 年
设计公司：Wutopia Lab
主设计师：俞挺
摄影：CreatAR Images

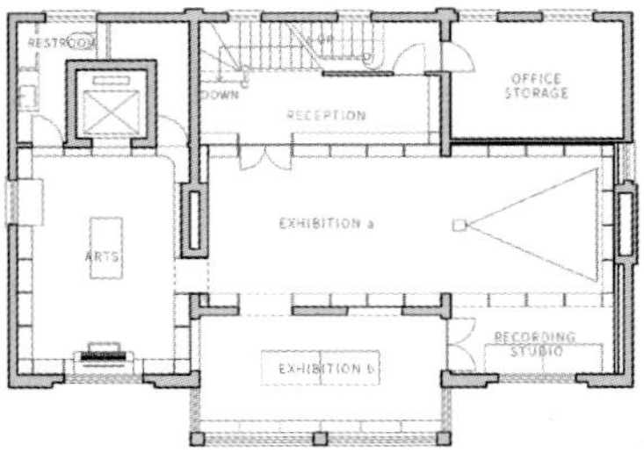

三层平面图

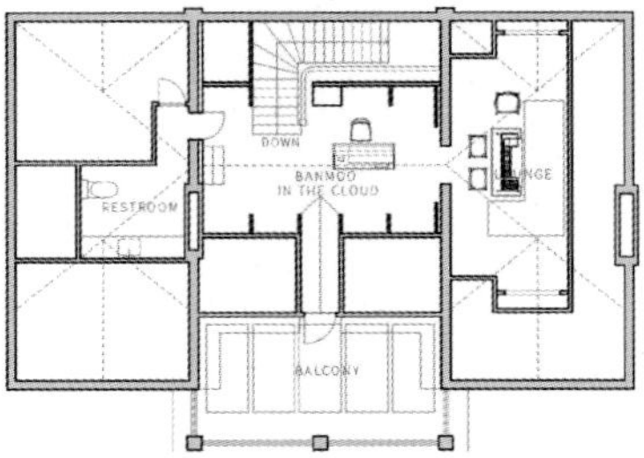

四层平面图

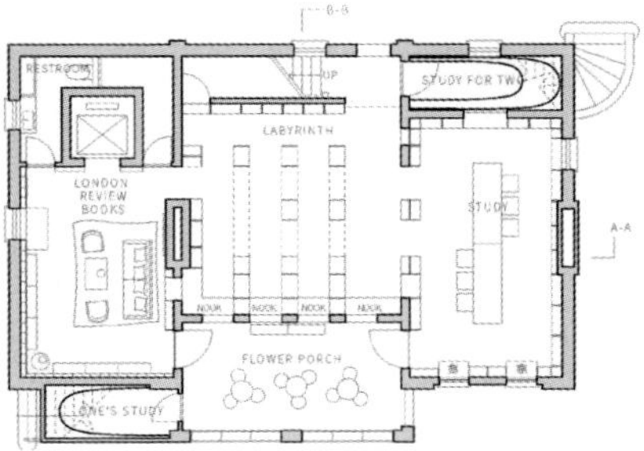

一层平面图

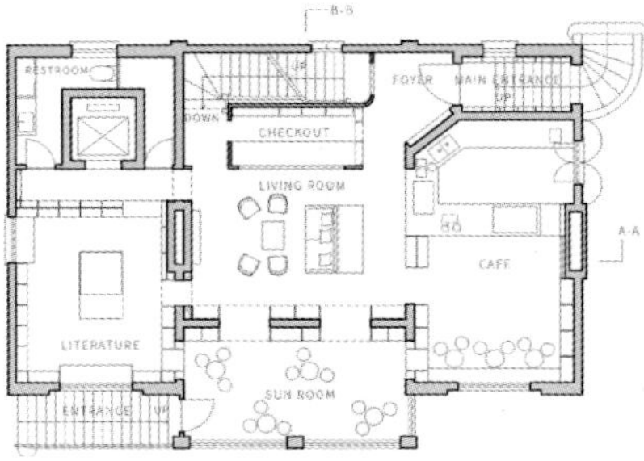

二层平面图

案例
06

TEA&
FRESH
JUICE
茶&果汁
CAKE

Wutopia Lab将思南公馆的25号楼改造成了一家新书店。设计师为思南书局构建了一个获取知识、发现自我与世界的系统。他们和业主希望思南书局可以为生活在这座城市里的人提供一个学习和思考的空间。

一层如同一个用书架打造的迷宫，每个人都可以在其中找到自己安身的角落。“迷宫”的西侧房间是思南书局的姐妹店——伦敦书评书店。东侧房间是一个大书房，大书桌上陈列的是各种精致的文创产品。南侧廊下的空间被设计成一个花房，用盆栽花为思南书局打造了生动的“表情”；二层包含思南公馆的客厅、文学区和咖啡区；三层是展厅和艺术书籍区，以及一个隐秘的乐房，可以举办展览、读书会、音乐会；四楼是作家书房，可用于举办小型文化沙龙，是思辨的好场所。

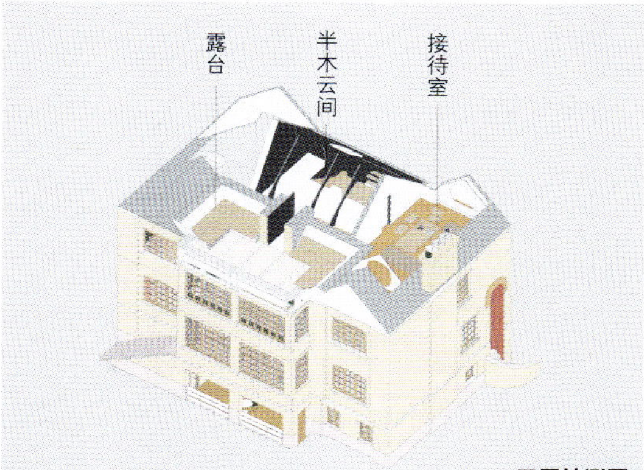

四层轴测图

三层轴测图

二层轴测图

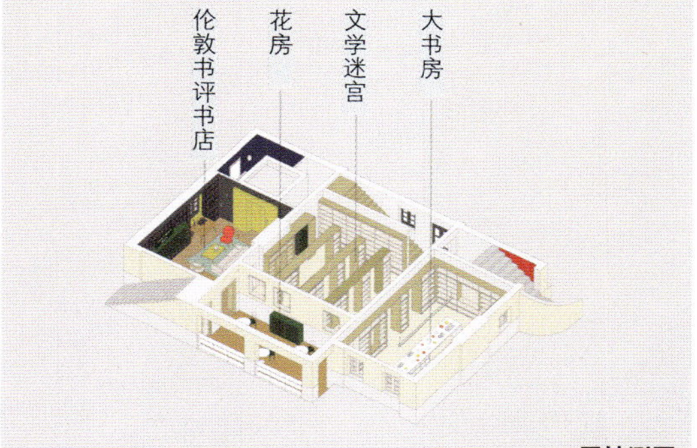

一层轴测图

London Review
BOOKSHOP

SINAN
BOOKS

SINAN
BOOKS

Wutopia Lab 认为，单一的色彩无法描绘这个空间的多样性。于是他们在入口设计了一个红色的拱廊，表明了书店开放的态度；四层的屋顶平台则用白色大理石创造了一个轻盈的空间。

设计团队通过丰富的想象和夸张的建筑实践手法，创造出了一项奇迹——思南书局就像一座灯塔，指引人们去思考、感悟。

邂逅古典园林的现代构筑表达

基本信息

项目名称：钟书阁（北京老佛爷百货店）
项目地点：中国，北京
项目面积：1 110 平方米
完成时间：2020 年
设计公司：唯想国际
主设计师：李想
摄影：吴清山

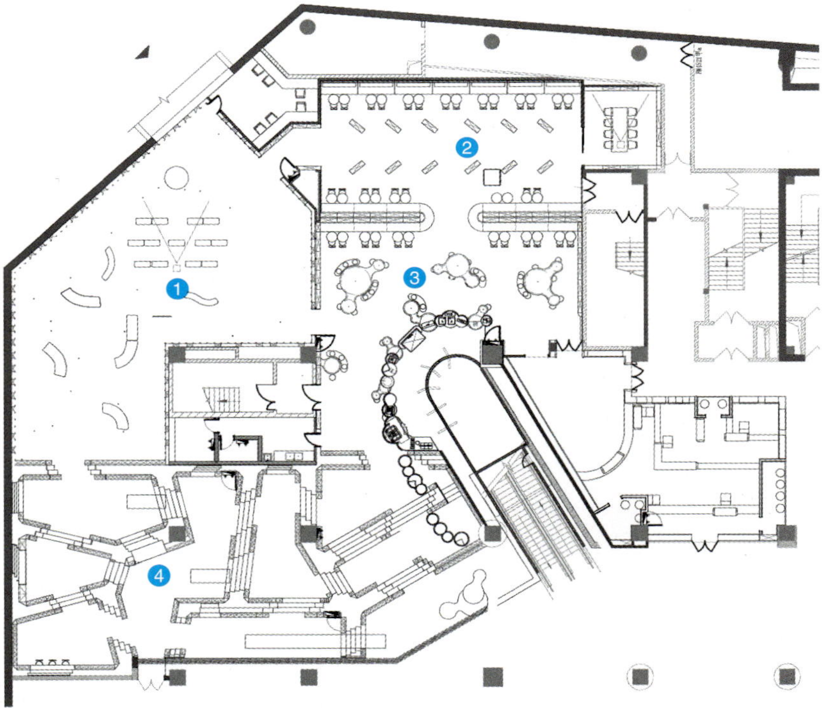

1. 文创论坛区
2. 阅读书廊
3. 咖啡阅读区
4. 概念区

平面图

案例 07

二度进驻京城的钟书阁这一次来到了西单老佛爷百货，让古典园林与阅读空间在时尚的商业场所发生三重碰撞。书店的设计借鉴了中国古典园林移步异景的表现手法，设计师以行云流水般的空间布局串联起了不同的功能区，勾画出了消费动线。空间内不仅处处浮现古典园林移步异景的神韵，镜面的折射更是带来了超现实的感官冲击。

门廊若画，徐徐展开。书架既是画布，也是墙面。门洞内，隐约可以窥见空间的开合与进深，令人不由自主地想要步入画卷之中，一探究竟。概念区内，设计师用阶梯打造了地面的高度变化，让空间的格局有了层次，还利用透视关系创造了一场视觉盛宴。经典的“月洞门”剥除了传统工艺，弃置了惯用装饰，消解了使用边界，成为符号和纽带，

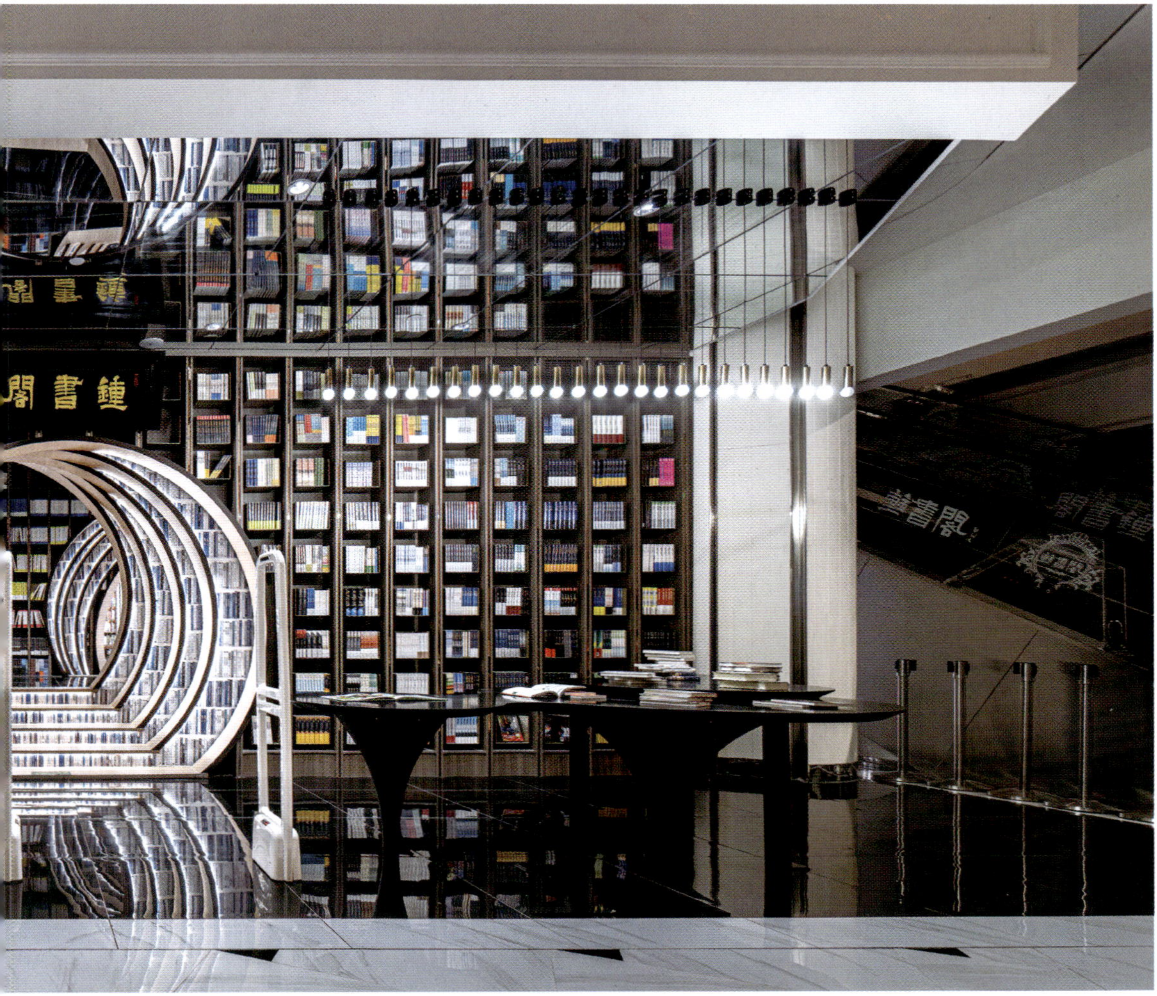

成就了空间中的多种可能。设计师还在门拱处打造了几个可供静坐读书的休息榻，令符号化的门拱具有功能与美学的双重意义。

咖啡阅读区内，桌椅的排列方式散中有序。共享式的桌椅拼接手法，使得人们可以根据不同的社交需求列坐其中，共同绘出这幅雅趣十足的画面。

文创论坛区内，极简化的木枝通过设计师巧妙的排列组合，完成了从微观意象到宏观图景的转变：只要在两根木枝间牵起一根线，一张海报或图书陈列展位就诞生了，充分满足了业主多样化的运营需求。

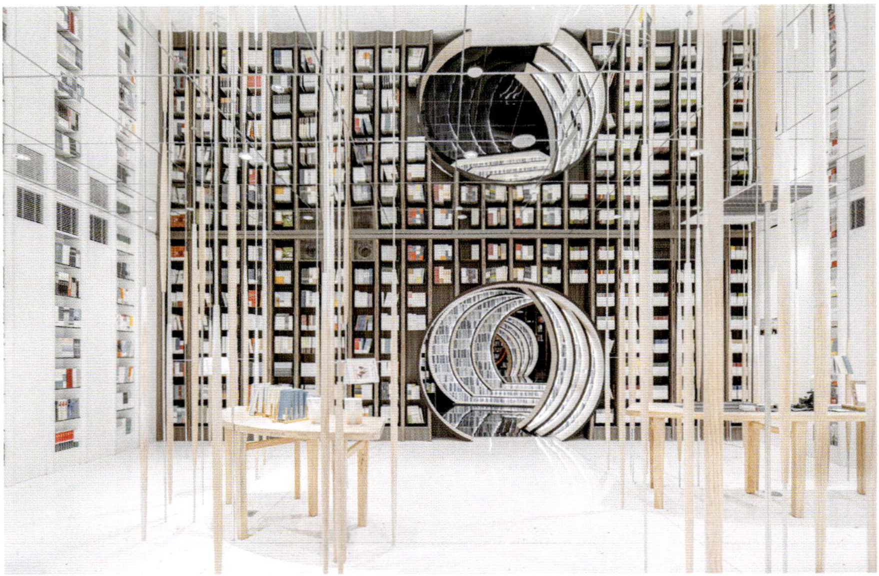

穿过竹林，来到书廊，设计师利用传统建筑的中心对称布局方式，营造了庄重、雅致的氛围。由屏风转化而成的书架，背面带有充当光源的灯箱，仿佛从纸窗格中透出的温暖亮光，映照着读书人的面庞，颇有几分古风意趣。

童书馆是小朋友的天地。设计师利用了简化的线条与图形来代替飞檐翘角，如流水纹和圆柱体。这些孩童般天真的笔触，生动地描绘了京城古建筑的样貌。

坐落于时尚圈的钟书阁（北京老佛爷百货店），是设计师搭建的一个介于时尚与古典的对话平台。在新与旧之间穿梭，空间轮换带来的心理冲击，让踏入书店的人好似误入桃花源，拥有梦境般的体验。

ALEXEY BRODOVITCH
Gardens in France
FINE WINES
ANTIQUAIRES
LOST FISH
1000

时代变化下的新零售书店

基本信息

项目名称：十点书店
项目地点：中国，厦门
项目面积：635 平方米
完成时间：2018 年
设计公司：靳刘高设计
摄影：十点书店

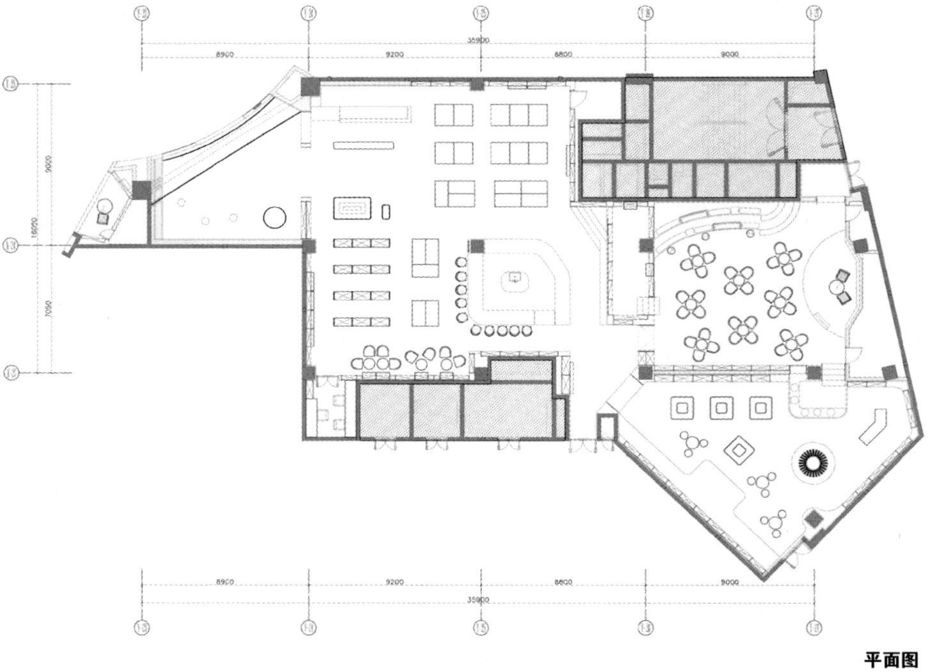

平面图

案例 08

十点书店·厦门

除了打造品牌图腾之外，如何将客户强大的线上资源转化为真实的感官体验，是设计团队在打造十点书店时不断思考的命题——他们希望空间里可以有更多关于时代发展及个人情感的对话。书店的前厅放置了一个蒲公英形状的动态装置——这个装置的灵感来自十点读书线上听书用户的习惯。在通信不发达的年代，电话亭是人们日常聆听及交流的空间。虽然随着时代的发展，电话亭已

经退出我们的生活，但人的情感交流并未间断。正如线上阅读迅猛发展的今日，人们对阅读的需求并未减少，这就意味着实体书店要聚焦读者更多维的阅读体验。设计师希望通过这个装置唤起人们对阅读的记忆。

作为十点书店的独特业态，课堂需要有专业的设备，但因面积有限，同一个场地需要兼顾咖啡休闲区的功能。所以桌椅都是不固定的，以满足场地的灵活变换的需求。授课所用的 LED 大屏幕藏在黑色玻璃后，在没有活动时可以收起。

为了突出书房的仪式感，设计团队将书房做了抬高，人们可以拾级而上，进入知识的世界。吊顶部分采用了流线型设计，使空间变得更加通透。书房和课堂的另一侧，是“小十点”。区别于大多数书店温暖平和的调性，“小十点”区域拥有跳跃、明亮的色彩，能调节消费者心情。“小十点”的设计重心不止在小朋友身上，更聚焦于每位家庭成员在陪伴过程中的舒适程度。

除了店内的设计，设计团队还在3平方米的橱窗内，策划了一个小场景。场景中嵌入了厦门的花砖元素，还原了深夜读书的画面：一盏灯、一张桌子、一本书，足以填满整个独处的夜晚。每一位读者都可以进入橱窗内拍照，留下自己与十点书店的回忆。

十点书店让业界和读者见证了在新的时代浪潮下实体书店如何用更多样的形态去承载人文情感。而关于实体书店的变革，他们相信这仅仅是一个开始。

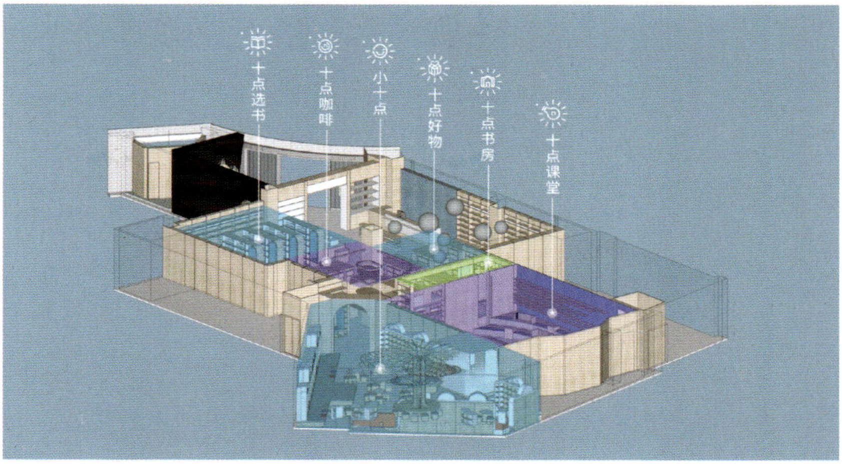
十点选书
十点咖啡
小十点
十点好物
十点书房
十点课堂

基本信息

项目名称：宁波三联书店·筑蹊生活
项目地点：中国，宁波
项目面积：2 400 平方米
完成时间：2017 年
设计公司：Kokaistudios
摄影：德克·韦布伦（Dirk Weiblen）

文学与生活方式结合的新概念书店

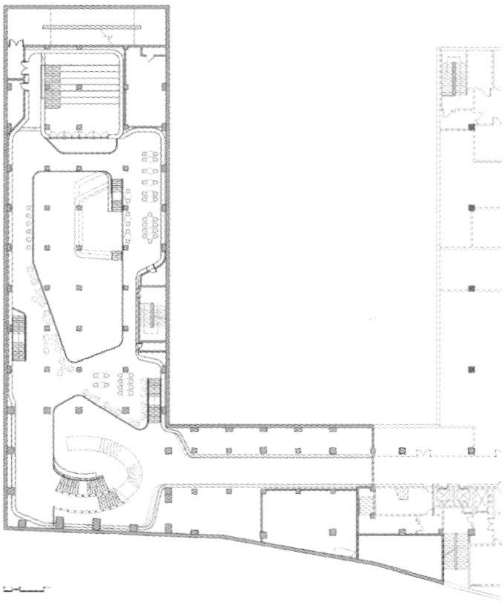

地下一层平面图

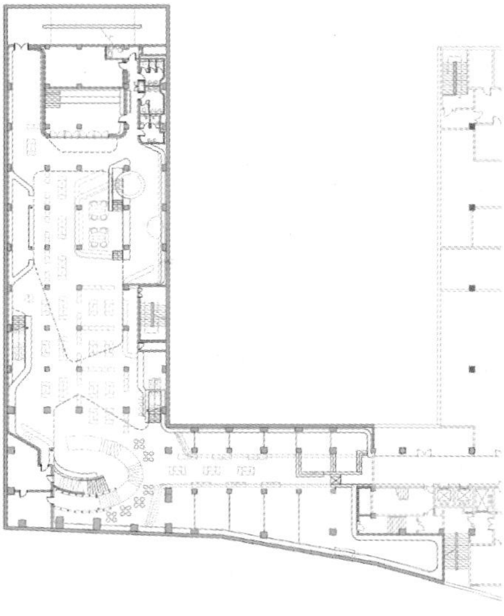

地下二层平面图

案例 09

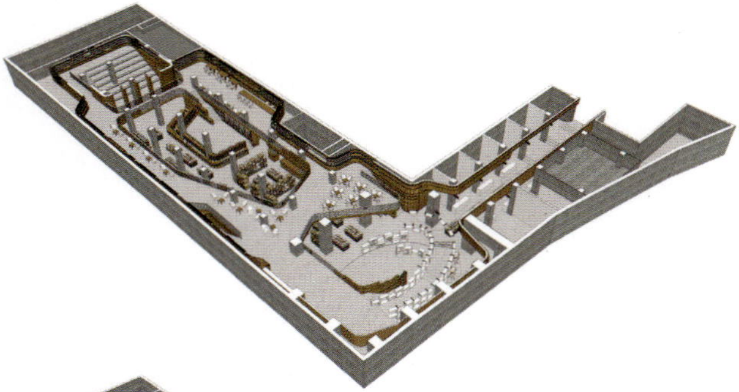

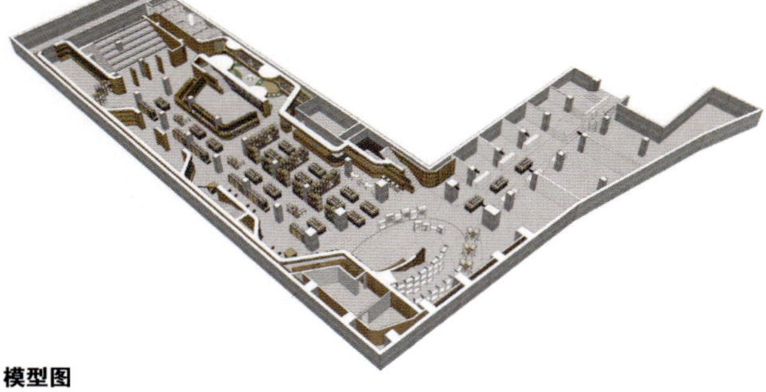

模型图

项目设计旨在为人们提供一个消遣的场所，将阅读作为核心功能，并以丰富多样的活动空间作为补充，使人们能够坐下来阅读、学习、参加讨论会或其他活动。

书店位于一块L形地块的地下空间。总建筑面积约为2 400平方米，被划分成三个不同区域：书店、以新技术和饮食为主题的活动空间，以及两者之间的灵活公共空间。书店内除双层高的小型中庭、活动空间和儿童区外，还设有茶室、果汁吧、咖啡厅和烘焙店。其中一些区域可以被单独租出去，因此项目的设计需要在保证使用灵活性和适应各种功能和品牌特性的同时，还要保持设计与整体概念的一致性。

穿过广场中央用石头铺成的、经过翻新的玻璃廊，便是正门入口。巨大的悬空楼梯宛如盘旋的书架，将入口与夹层及下面的主楼层连接起来。白天，自然光透过玻璃廊照进书店内部，经过与白色书架模块融为一体的半透明丙烯酸板的过滤，光线变得更加柔和。夜晚，书店内部的人造光反过来照亮玻璃廊，人们可以透过闪闪发亮的展示橱窗看到书店内部。楼梯设在座位区和阅读区所在的夹层，通往下面的主楼层。四个楼梯为夹层和主楼层提供了额外的纵向连接。环顾四周，墙壁上排列着通高的书架，犹如一条在空间中不断循环的缎带，将不同的功能空间区分或联系起来，引导顾客在书店中自由穿行。

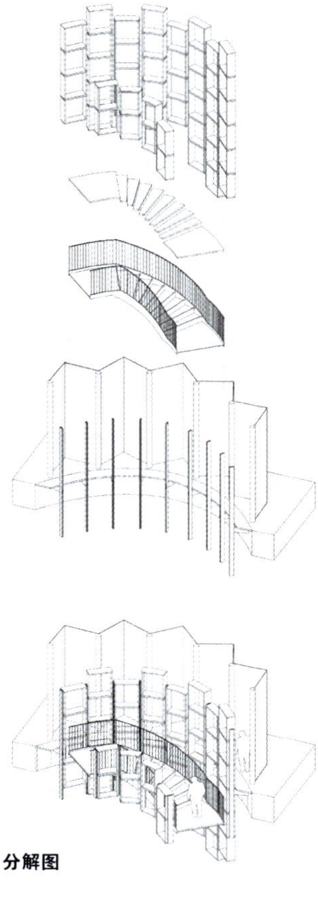

分解图

STARBUCKS COFFEE

ARE
COF
kindle
kindle

儿童区和可举办视听活动的多功能厅是较为紧凑、密闭的空间，具有特殊的功能，它们皆被扩展至开放的双层高空间。流通区穿插着一些驻足点，可供顾客为其喜欢的书籍稍作停留，或是用来进行一些集体性的活动。

流动的几何形态、柔软的材料和纹理、温暖的色调，以及象征着不同历史时期的纸张，巧妙地呼应了书籍的内涵。

全中国最高的书店

基本信息

项目名称：朵云书院（上海中心旗舰店）
项目地点：中国，上海
项目面积：2 259 平方米
完成时间：2019 年
设计公司：Wutopia Lab
主设计师：俞挺
摄影：CreatAR Images

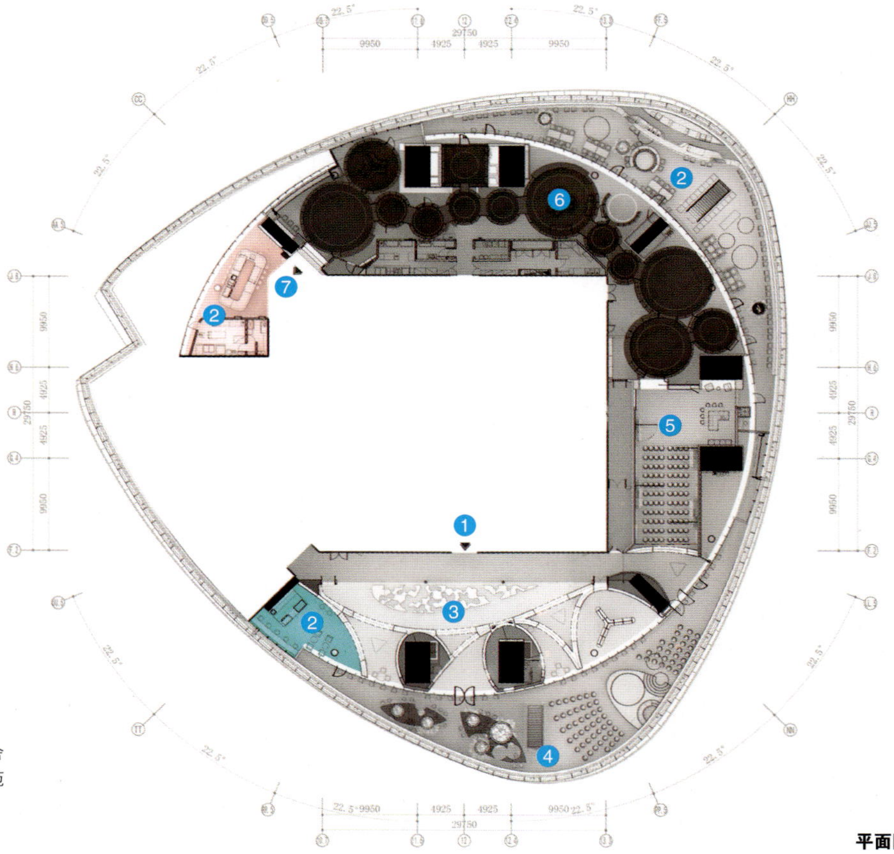

1 入口
2 咖啡区
3 白书房
4 云间雅舍
5 海上文苑
6 黑书房
7 出口

平面图

案例 10

MURAKAMI
ZADIE SMITH

本案是一个小型的空中文化综合体，具有阅读、演讲、展览等不同功能，出售 60 000 余册书籍和 2 000 多种文创用品。该空间位于 239 米的高空，是目前全中国绝对高度最高的商业书店，也是上海的新文化地标。

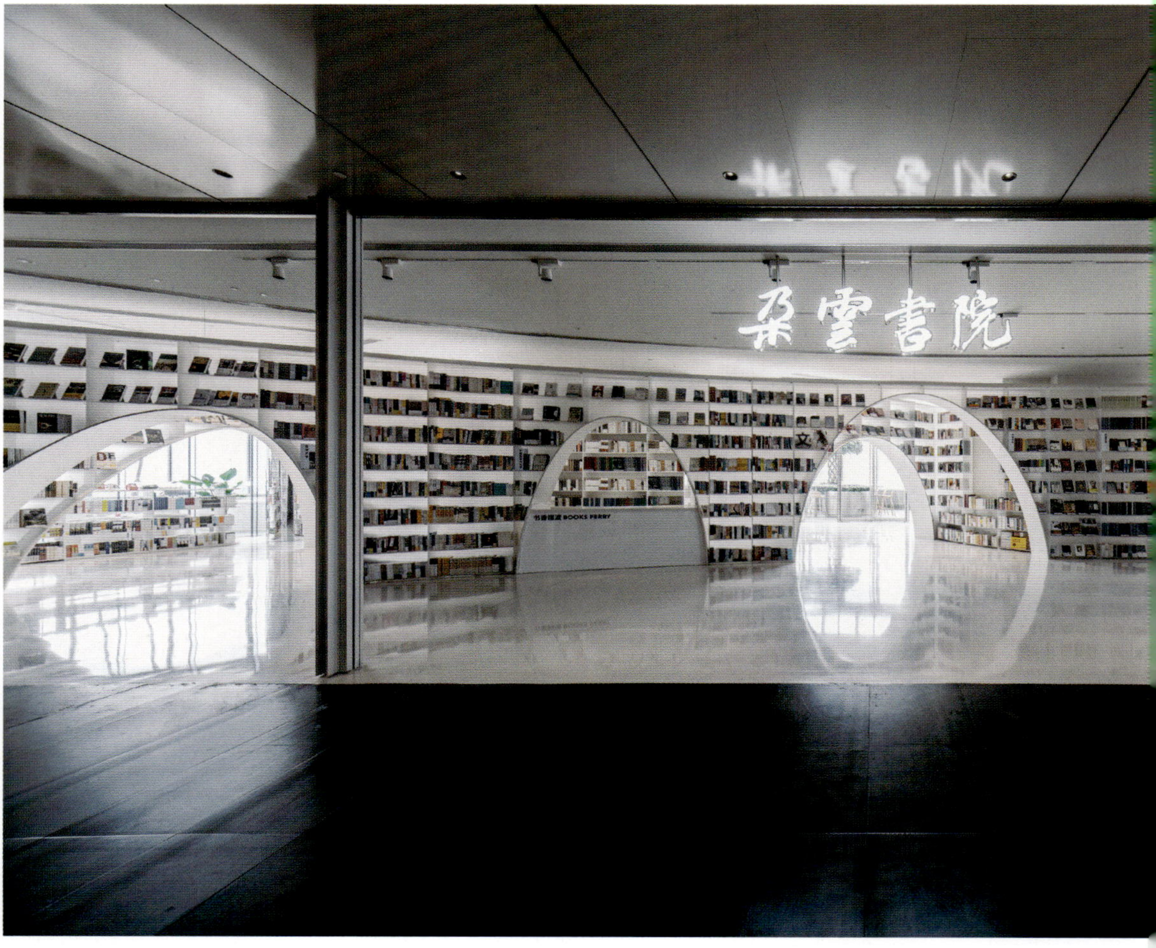

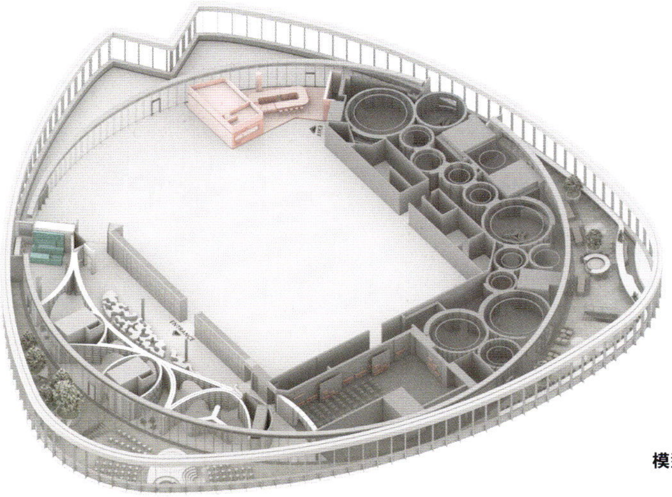

模型图

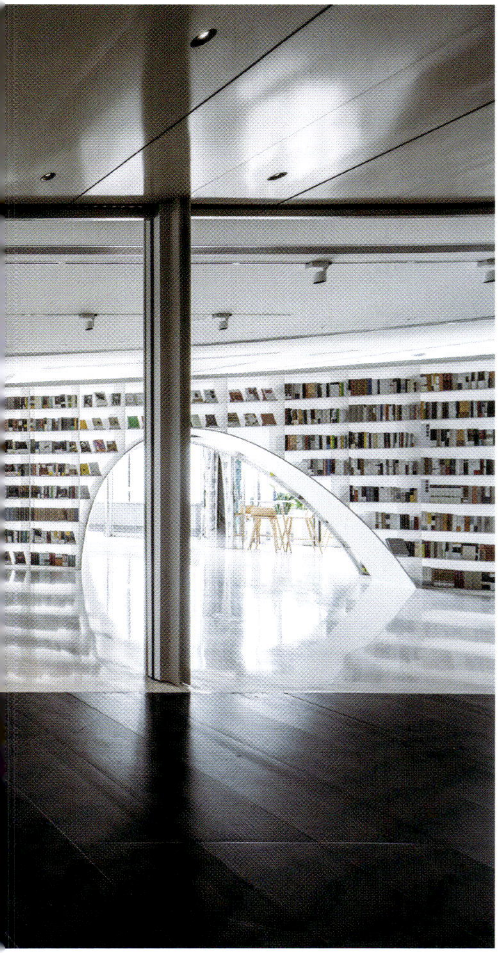

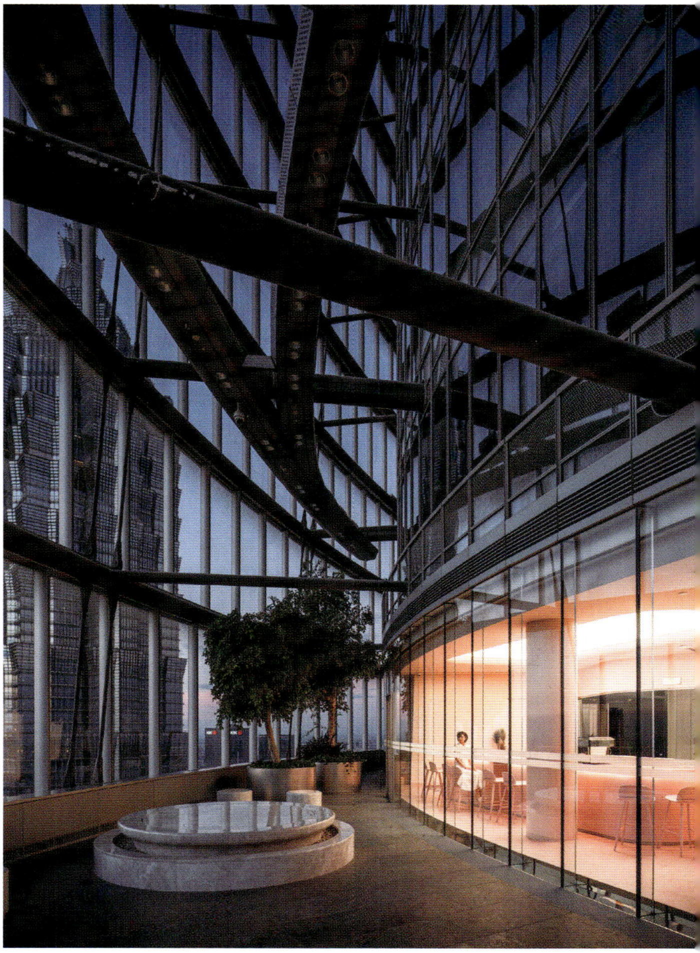

站在南花园，看着壮观的黄浦江曲折而过，仿佛置身山顶。于是建筑师决定造一座白色的“山”，它由半透明的书架构成。天空和城市是这个书店设计的一部分，因此地面要光洁，能在晴朗的日子里反射出蔚蓝的天空。

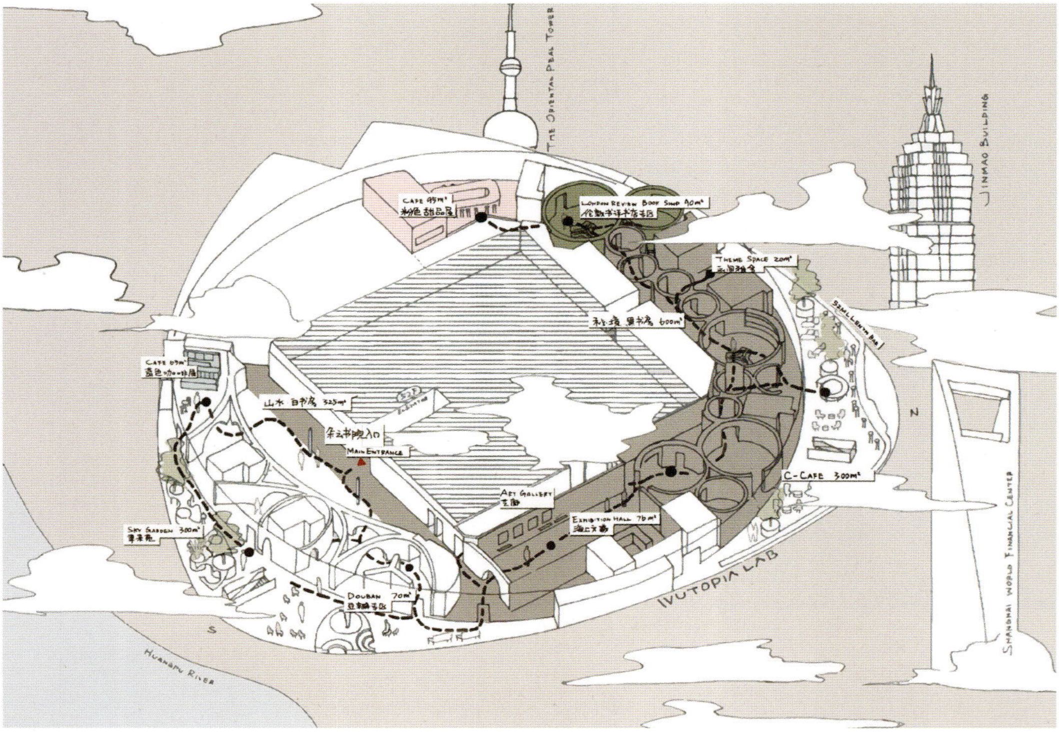

手绘图

中国文学

设计团队用圆形书架围合成一间间黑书房，一个个圆形彼此联系并向外扩张；同时以活动书架作为空间的分隔，形成室内不同的区域。白书房一角是豆瓣高分图书区，与此相对应的是黑书房尽端的墨绿色的伦敦书评书店专区。一个代表东方，一个代表西方，而东方和西方就是这样，相互依存，又相互竞争。在黑白之间，设计师又设置了一个灰色空间。墙壁有两层，外面一层旋转出来，可以做展墙，用于展览和演讲。它也是一个社交场所，人们可以在这里交换彼此的记忆。

花园里巨大的盆栽，喷水池和石墩占据了有限的空间，这些东西沉重，无法搬走，于是建筑师在南花园设计了两个不锈钢的叶子形高桌，银光闪闪的叶子嵌在树池和石墩之间，俨然成了一个恰当的艺术装置。桌子仿若波光粼粼的水池，倒映着树影。业主把这里命名为“好望南角”。站在北花园，人们的目光从环球金融中心经过金茂大厦，尽头可以看到东方明珠。

建筑师用连绵不断的书架点缀了空间，业主和读者赋予了这个书店精神内核。朵云书院（上海中心旗舰店）这个奇妙的场所就这样诞生了。这里是能够唤起你所有想象的地方，这也正是上海这座城市所需要的。

用书架来连接阅读室和咖啡厅

基本信息

项目名称：Panta Rhei 书店
项目地点：斯洛伐克共和国，布拉迪斯拉发
项目面积：465 平方米
完成时间：2016 年
设计公司：at26 建筑事务所
摄影：彼得・辛塔兰（Peter Čintalan）

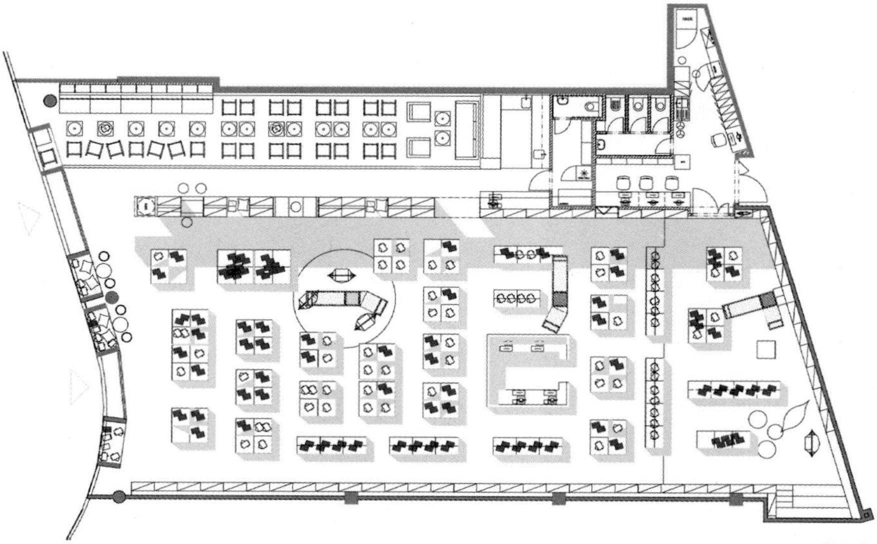

平面图

案例
11

Architektúra
Dizajn
Dizajn
Fotografia

Café Dias
Panta Rhei

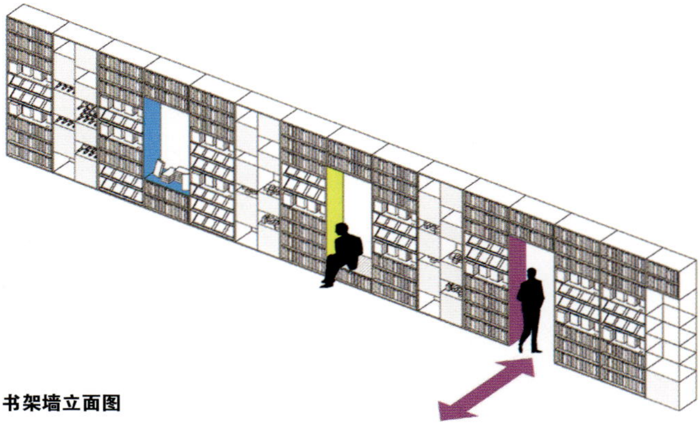

书架墙立面图

Truman Capote
Raymond Chandler
Juan Rulfo
Christopher Marlowe
Beverly Cleary
Christopher Hitchens
Emily Dickinson
Neil Gaiman
John Keats
Kurt Vonnegut
Mark Twain
Arundhati Roy

本案的主要目标是打造一个让读者感觉十分亲切的书店，重点是设计的品质和效能及组件的模块化。设计团队以模块为基础进行设计——这个模块就是一本书。设计宗旨是探讨书与书架的关系，因为这种关系会引导设计师找到并定义内部空间不同元素之间的基本比例和关系，并使这些元素适用于不同的空间。

设计以内部空间的边缘和书架的清晰线条为基础——这些线条明确了空间的范围。书架也被用作阅读区和咖啡厅之间的屏障，部分结

构被保留下来，在形式上将坐、读、走几个动作联系起来。空间内的色彩搭配非常简约，低矮的模块化系统使内部空间的定向和导览变得非常清晰，并将视觉重点放在中央的柜台上。模块化和移动性使布局改版起来更容易，也使空间可以满足不同的需求，如举办重要活动或用作公共阅读区。树状物体的设计，增加了空间的亮度。后面的空间留

给了孩子们——垂直分层空间看上去很像一座小山，是孩子们玩耍、学习、寻找新朋友的绝佳区域。

咖啡厅虽然是一个独立的区域，但其与阅读区的强烈联系提升了空间的整体氛围，营造了家一般的氛围。

沉浸与呼吸

基本信息

项目名称：BUNKITSU 文喫
项目地点：日本，东京
完成时间：2018 年
设计公司：Smiles 创意公司
摄影：BUNKITSU

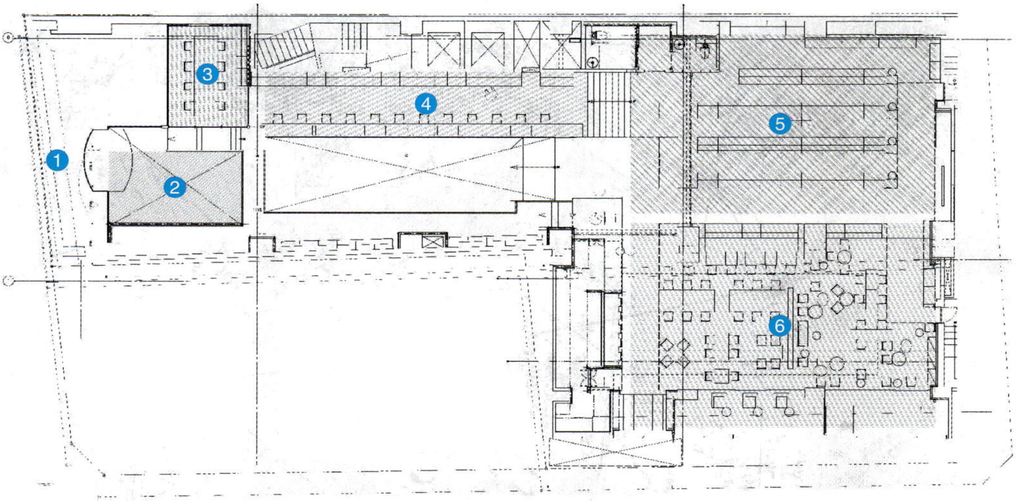

平面图

1. 入口
2. 展示室
3. 研究室
4. 阅览室
5. 选书室
6. 茶室

案例 12

文喫
BUNKITSU
ビルディング

书店是一个具有文化气息的地方，在这里，人们可以花很长的时间选购一本书，这就是为什么我们不放弃书店的原因。是否有可能通过创建新的空间来增加书店的体验价值，从而创造一个可以让读者度过悠闲时光的地方呢？

与其他书店不同的是，BUNKITSU文喫是一家有入场费的书店——消费者进入书店之前需要支付1 500日元（约98元人民币）的费用。秉承“生动与真诚”的座右铭，业主精心选择了每一本书，他希望可以在读者和书籍之间建立各种关系。店内有约30 000本书籍和90多种杂志在售，涉及人文、自然科学、设计、艺术、文学、动漫等领域。除了传统的图书陈列区，店内还设有阅览室，消费者可以在这里阅读或者与书友畅谈。此外，这里还会定期举办特别展览。

区别于传统书店只有图书销售区域的模式，BUNKITSU 文喫设有一个咖啡厅和一个茶室。在这里，读者可以来一次沉浸式体验，在咖啡香气和茶香中感受与一本书亲密接触的过程。值得一提的还有一个研究室，供那些想仔细研读一本书的人使用。

即使在繁忙的日子里，与书本互动的美好时光也是令人向往的。BUNKITSU 文喫便是在六本木街区附近的居民的最佳休闲之所。

GRAFFITIART
Forbes
GINZA
Casa
Mid-Century
pen
RUM
au
Winart

power of magazine

雑誌の力展
power of magazine
vol.1 hinism
RECEPTION

用书籍构建城市的模样

基本信息

项目名称：钟书阁（上海芮欧店）
项目地点：中国，上海
项目面积：1 000 平方米
完成时间：2016 年
设计公司：唯想国际
主设计师：李想
摄影：邵峰

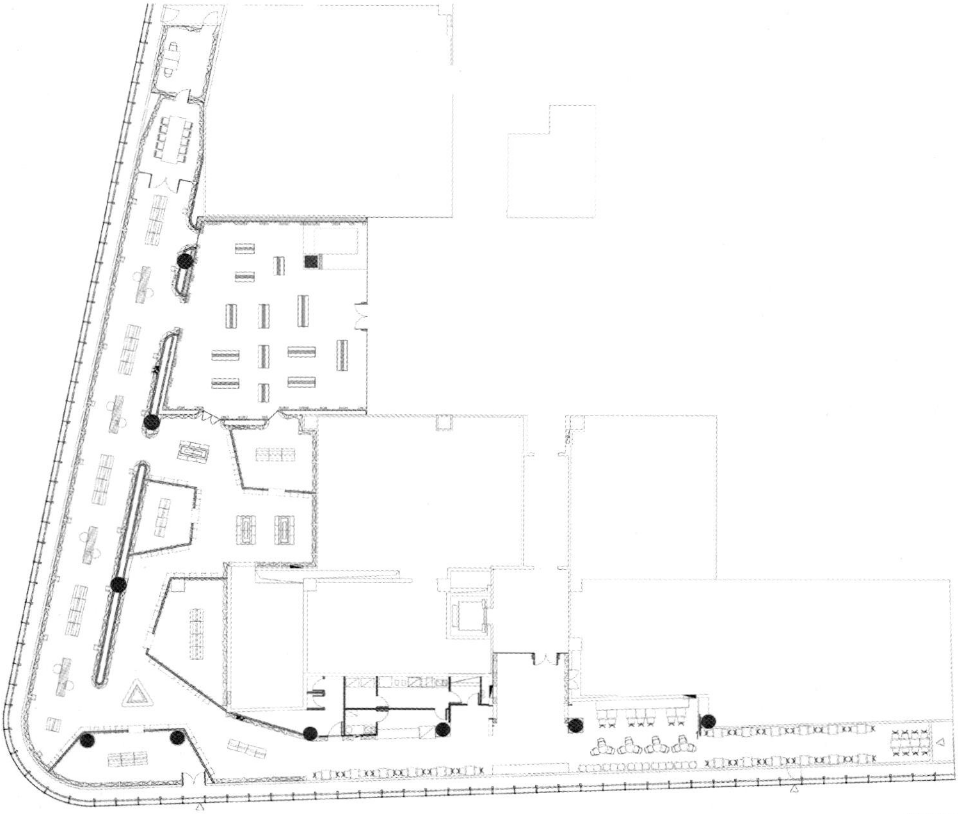

平面图

案例
13

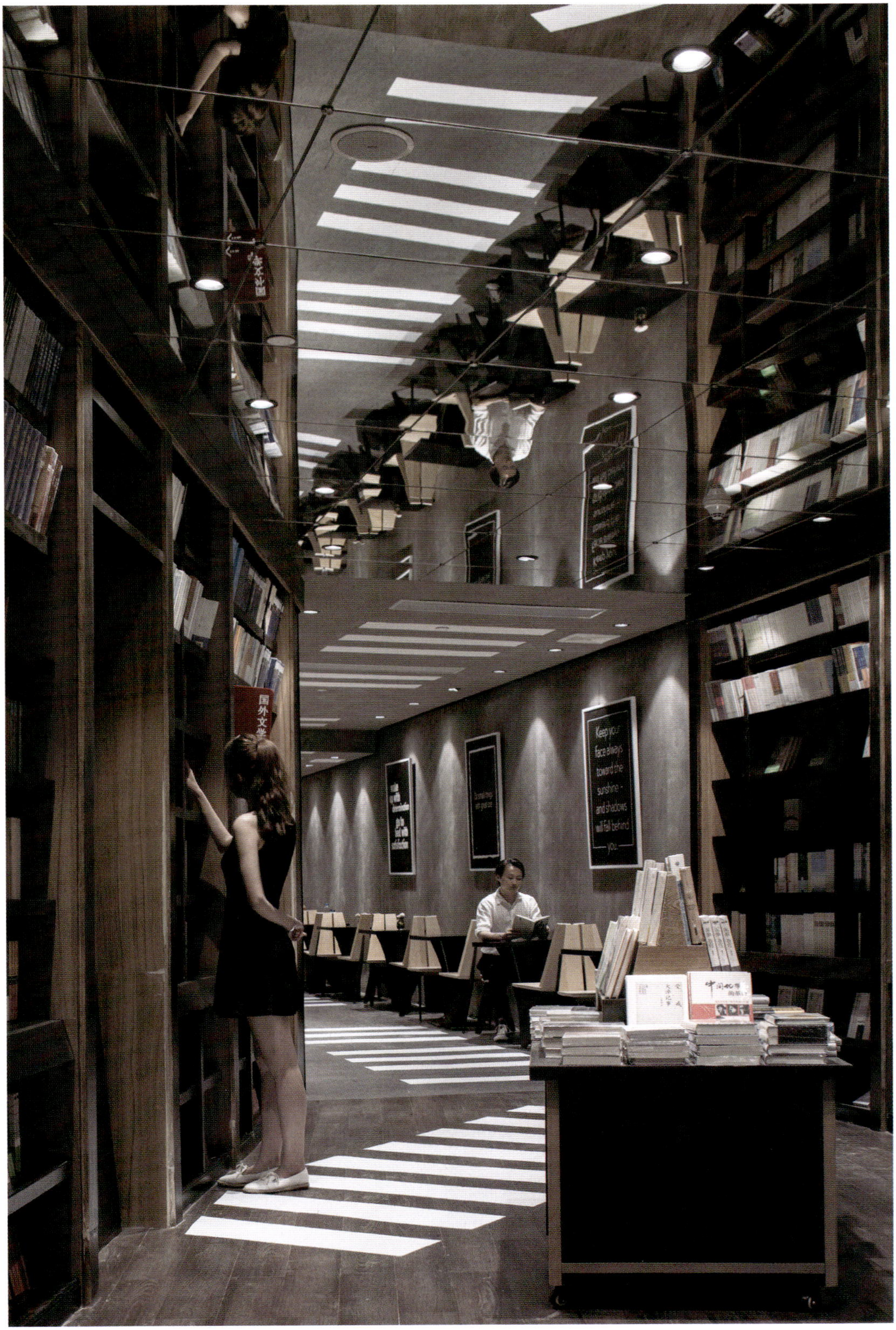
国外文学
Keep your face always toward the sunshine - and shadows will fall behind you.

上海是一座繁忙的城市，从这座城市的上空看下来，人来人往，车水马龙，唯有斑马线静静地守护着行人。这次钟书阁要讲的故事与斑马线有关——这是这家书店所要表达的情怀，也是这座繁忙城市的缩影。

素色的混凝土影射城市马路的颜色。白色摆书台横竖有致地静立在“路面”上，连接每个书台的地面上画着一条条白色的人行横道似的线条，明确指引着书台之间的路径。满墙阵列排开的白色圆管可以自由伸缩进墙体，通过这样的机动性可以塑造不同样式的阵列图形。这种变换的形式也影射了快速变换的社会现状。在这里，读者俨然进入了一个城市空间，在这里只有安静的路与斑马线，还有在书台上摞成山的书。斑马线就好比那一本本伴随我们成长的书籍。设计师希望以此来表达书籍与读者之间的精神关联。

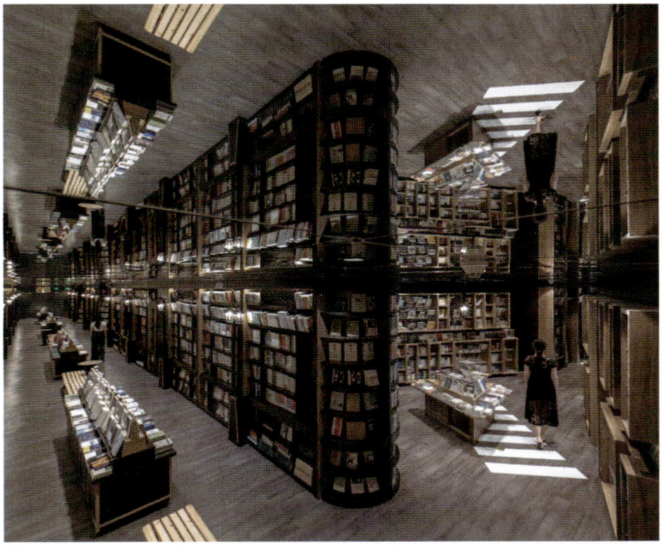

连接这个空间的是一个阅读长廊，这里有一排长长的公园长椅，书架设在两厢，书墙每隔一段距离就会有一盏“路灯”。这里不仅是读书长廊，更是一个室内读书公园。慢慢行走在书的世界里，累了，就坐在路灯下的椅子上，静静地把精神安放在一本心爱的书上，这便是这个空间提供给读者的阅读环境。

穿越安静的图书长廊便来到了书籍的天空之城——由四个书架构筑成的“建筑群”。这里让读者犹如置身在真正的书籍城池。四个“建筑”的面积有大有小，小的犹如一个安静的书房，大的可以用来开展小型读书会。

书店用书籍构建城市的模样，与外界喧嚣的街区不同，这里是属于读者与作者之间隔空交流的精神世界。书架之间的路径宽窄渐变，曲径间可见地面标示的路线，置身于此，就好像是走在上海的百年街道上，感受着这座城市浪漫的情怀。

当历史元素与现代空间相遇

基本信息

项目名称：516 书馆
项目地点：俄罗斯，莫斯科
项目面积：530 平方米
完成时间：2017 年
设计公司：A4 建筑事务所
摄影：德米特里·契巴年科（Dmitry Chebanenko）

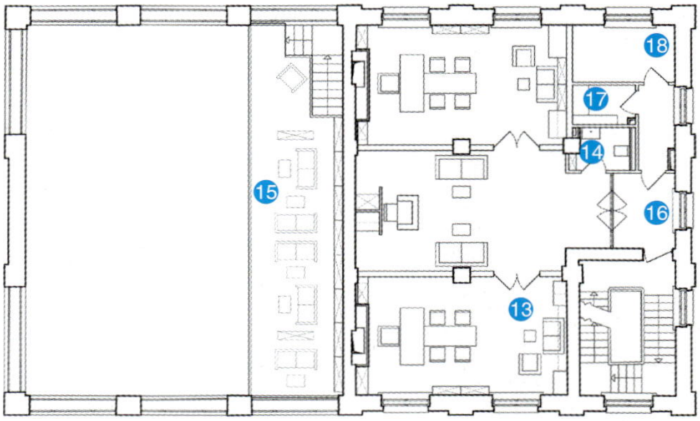

二层平面图

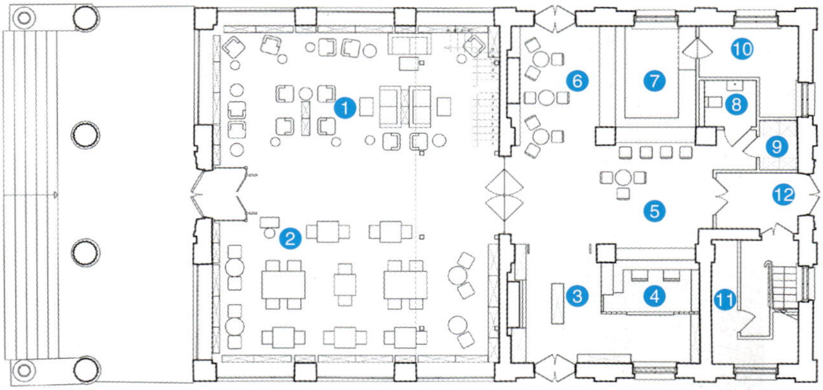

一层平面图

案例 **14**

1. 阅读室休息区
2. 阅读室工作区
3. 书店
4. 收银台
5. 门厅
6. 咖啡卡座区
7. 咖啡操作台
8. 公共卫生间
9. 控制间
10. 厨房
11. 设备间
12. 等候区
13. 办公区
14. 办公区卫生间
15. 阳台
16. 大厅
17. 控制间 / 门卫
18. 策展人办公室

考虑到精确的分区和多功能的目的，设计师认为应该有效利用原展馆内有限的面积。构成内部空间的重要部分是保留历史场所的"精神"，以便参观者将一本本书视为永恒的对象。

设计师为位于底层的几个区域提供了多种方案。空间里的每个区域都是工作的好地方：每张桌子都配有定制的软扶手椅，以及一个电源输出口和一盏台灯，使用者还可以根据个人喜好调整光源。优质的装饰材料和植被元素旨在营造出一种舒适的氛围。

这里还很适合举办讲座和各种主题活动，尤其是专门用于文学发布活动的聚会。在阅览厅中，访客可以选择阅读任何书籍，然后再决定是否购买。专业顾问也会提供个人阅读建议。现在，旧阅览室的空间被分为三个区域：工作区、休息区和演讲厅。这种分割可以使空间更灵活。展馆的二层用于举办会议。在新的空间中，两个对称的房间经过改建，适合举行商务会议。除此之外，建筑内还设有公共等候区和大堂。

任何现代阅读方式都与咖啡文化密不可分。咖啡厅位于书馆内，距离其他区域都不太远。

整个空间的主要功能区对称设置。消费者通过透明的玻璃门和隔板可以看到整个空间，隔板同时也隔离了阅览室。

提供平板电脑的电子书店

基本信息

项目名称：最后一家书店
项目地点：荷兰，阿姆斯特丹
项目面积：420 平方米
完成时间：2017 年
设计公司：M+R 设计事务所
摄影：De Winter 工作室，M+R 设计事务所

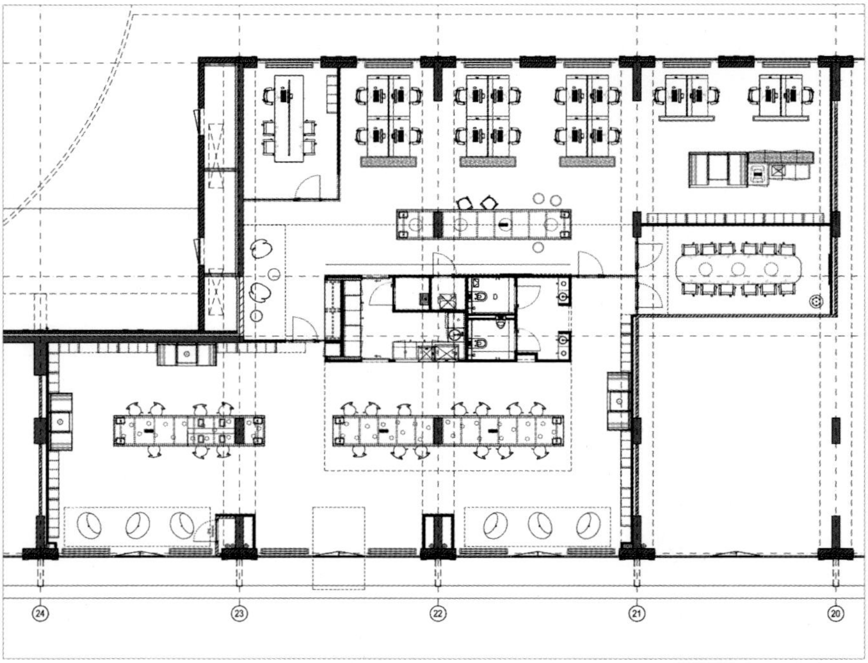

一层平面图

案例
15

DICTIONARY
Deutsch
BIOLOGY
PHYSICS
PSYCHOLOGY
MANAGEMENT
CHEMISTRY
CLASSICAL POETRY
CLASSICAL POETRY

如今，超市、购物中心、加油站也可以卖书，这就要求书店比以往任何时候对快速变化的市场需求做出反应。基于对图书市场的了解，设计团队与客户一同提出了全新的设计概念，最终完成了“最后一家书店”。

这家书店更像是一个灵活的聚会场所，人们可以在“空”书架之间办公、交谈。中央的大桌子旁边有几个可以用来办公和翻阅书籍的座位，还有一些与墙柜整合在一起的双人马车式座椅。六把太空椅悬挂于窗边，非常醒目，设计团队希

望以此强调空间的开放性和灵活性。安装在墙上的储物柜由不同尺寸的黑白双色搁架组成，从远处看去轮廓线清晰、立体。设计团队还借助轨道和可调节LED射灯营造室内氛围。桌子上方使用的是透明的圆形罩灯。

书店需要引导消费者进行在线购买，因此，设计团队将平板电脑嵌入桌面，这样一来，人们便可访问包含世界各地的书籍、杂志及报纸的完整数据库。人们除了可以在店内查阅这些出版物之外，还可以额外订阅电子书。

本案的挑战在于，设计师让传统书店的核心——书架保持空置状态，这无疑是一个大胆的决定。此外，书店内特设厨房，提供健康、有机的食品及世界各地的特色菜肴。人们可以在书店内与其他人一起办公，或是预定一间会议室，或是享用一顿健康的午餐。这家书店还建立了自己的网站。

文化传播的新媒介

基本信息

项目名称：THEATRO 书店
项目地点：葡萄牙，波瓦－迪瓦尔津
项目面积：320 平方米
完成时间：2017 年
设计公司：MiMool 室内与建筑设计工作室
摄影：Ivo Tavares 工作室

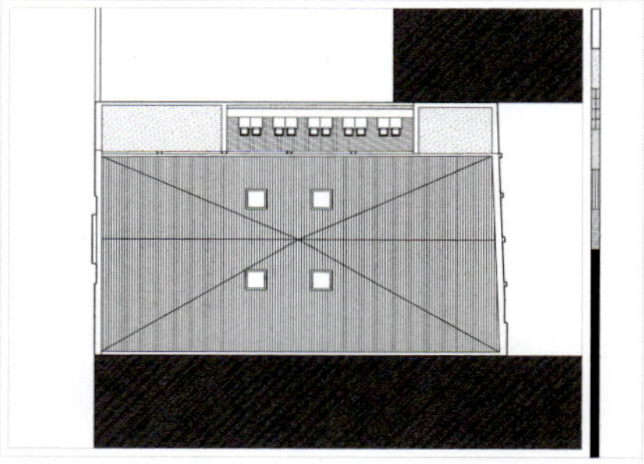

屋顶平面图

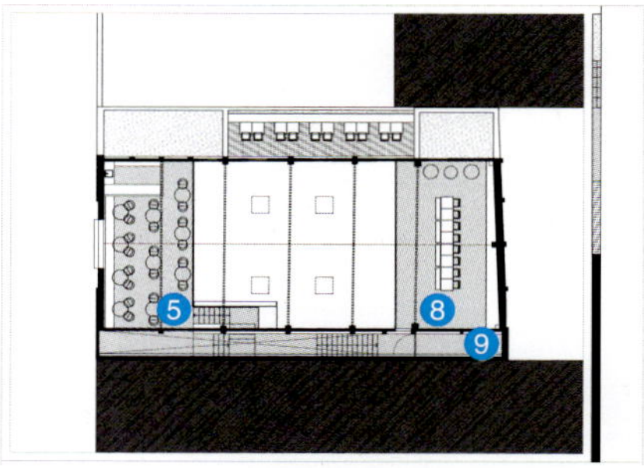

二层平面图

1. 大厅
2. 图书销售区
3. 自助餐厅
4. 餐厅
5. 酒吧
6. 卫生间
7. 厨房
8. 多功能室
9. 储藏间

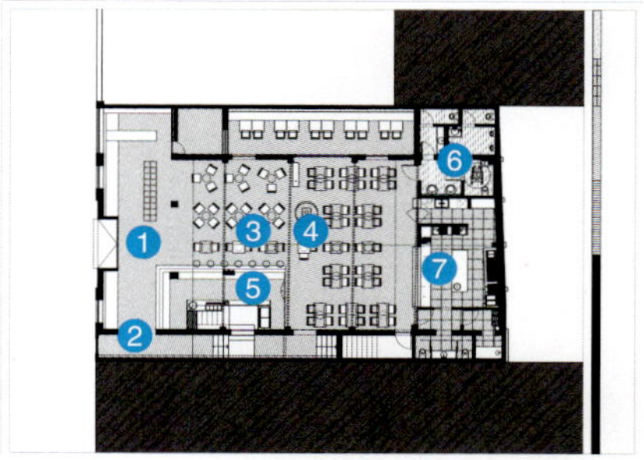

一层平面图

案例 16

THEATRO 因一群年轻的企业家的梦而诞生。他们希望建造一个可以实现梦想的多元空间，于是，一个多功能空间由此诞生了。在这里，书店和公共区域对文化传播产生了至关重要的作用。

原建筑是一个建于 1910 年的老剧院，它曾遭废弃，多年来虽然经历了数次变化，历史痕迹却得以保留。建筑师改造的重点是修复旧结构，并恢复建筑遗失的历史特色。

一楼是一个复合空间，集咖啡厅和书店于一体。用餐区以吧台和酒柜为标志，与家具结合在一起，形成“工业风”，使这片区域变得与众不同，呈现出客户想要的动态特征。“集装箱”内设有私人服务区域和卫生间。侧面的走廊以巨大的书架

为特色，将主要展览区域呈现在读者面前，并通向上层空间、红酒吧和多功能区。设计团队还将结构体系与当下的建造技术相结合。

THEATRO

PHILIP KERR
CARTA BRANCA
MATTHEW QUIRK
A DIRETIVA
LOBO VERMELHO
O TRIBUNAL DAS ALMAS
MORTO POR PECAR
PERDIDA
RITUAL
DAN BROWN

传统书店的业态升级

基本信息

项目名称：荣宝斋咖啡书屋
项目地点：中国，北京
项目面积：293 平方米
完成时间：2015 年
设计公司：建筑营设计工作室
主设计师：韩文强
摄影：王宁

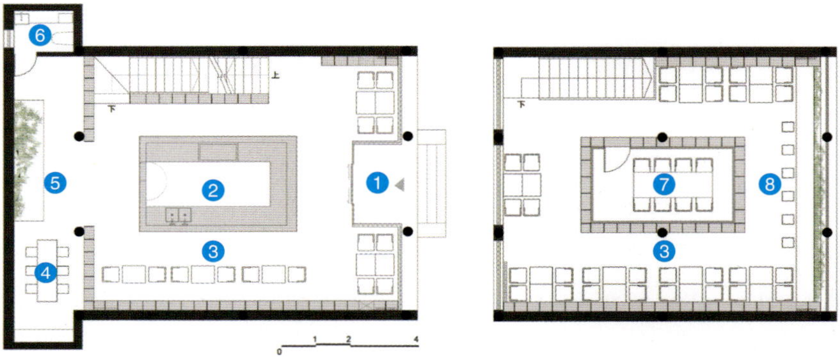

一层平面图　　二层平面图

1. 门厅
2. 咖啡操作台
3. 散座
4. 阅读区
5. 景观区
6. 卫生间
7. 会议室
8. 吧椅区

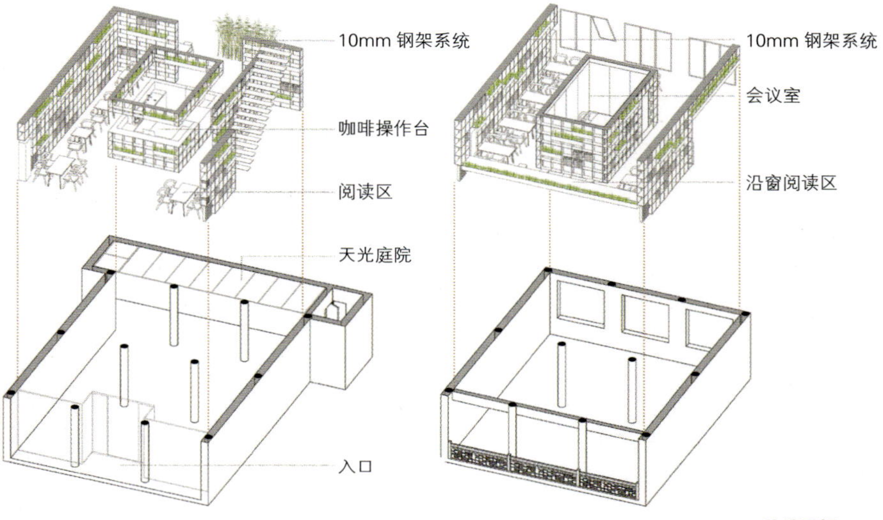

改造图解

案例
17

该项目位于京城知名的琉璃厂古文化街街口，原本是一家经营中国书画出版物与古籍的书店。这座20世纪80年代兴建的钢混仿古建筑总面积约300平方米，地上两层，地下一层。如今，以往书店的单一模式已经无法吸引读者，如何对传统书店进行升级，是每一个书店经营者要解决的难题。荣宝斋咖啡书屋尝试将书店与咖啡厅进行业态混合，以复合的经营模式和多样的消费体验来吸引更多的读者参与。伴随着一杯浓香的咖啡，让人与人、人与书、人与自然对话，营造慢节奏的轻松、舒适的阅读环境。

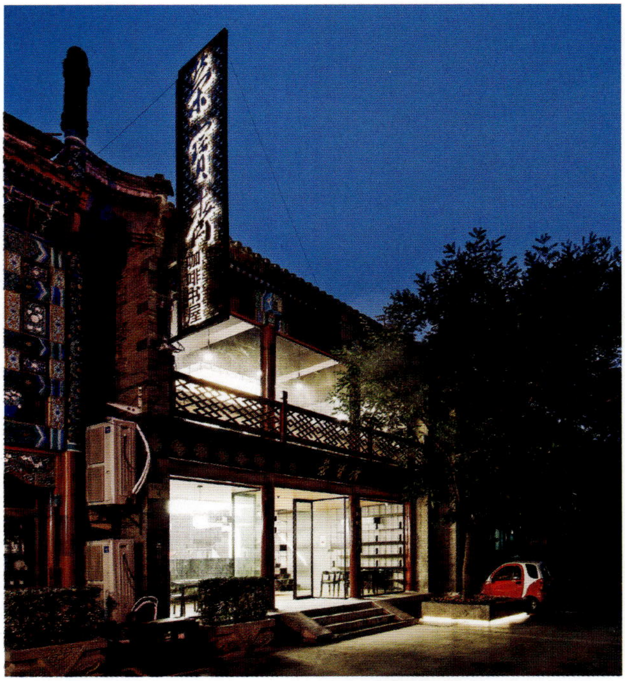

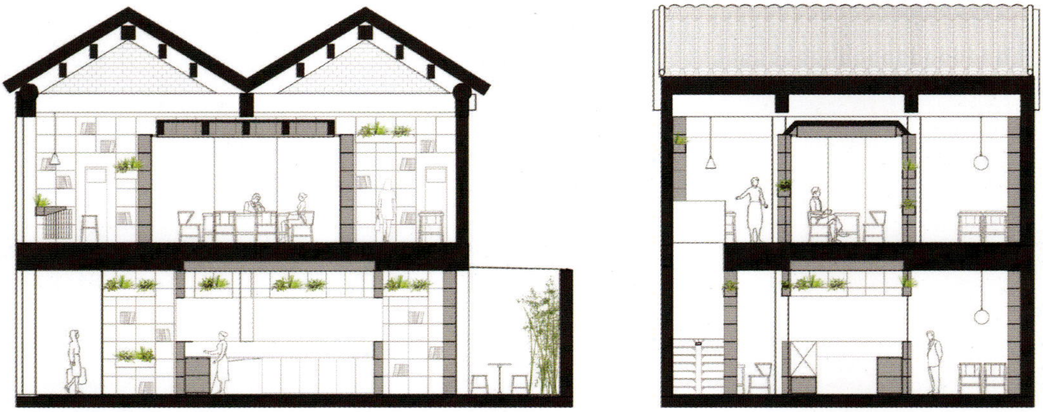

剖面图

为了改变传统书店沉闷、刻板的形象，新的设计利用通透、轻盈的铁制书架整合功能、流线、设备与照明，并将绿色植物置入其中，使得新的内部空间界面更加连续、开放、富有生机。基于建筑原有的柱网，室内空间呈现出环状的空间结构：中央区域为岛式空间，周边为铁制书架墙体。首层中心岛作为收银台及咖啡操作台；二层由调光玻璃围合成一个发光的“盒子”作为会议室。调光玻璃可改变内外的透明状态，让会议室使用起来更加灵活。中心岛通过软膜天花板形成均匀的整体照明，宛如室内的灯笼，而咖啡座则围绕中心岛散布于四周。

铁制书架采用实心铁条作为竖向支撑，30 厘米长的铁板作为层板，利用激光切割裁切掉每层立柱的切口之后，由下至上依次焊接完成。穿插于铁制书架之间的植物既能让读者感受到自然气息，同时可以有效调节室内微气候。植物盒底部安装了 LED 灯带，可为读者提供间接照

明光源。设计师主要选择了喜阴的蕨类植物置于室内：高处的植物盒里布置了攀缘灌木；而香草类的薄荷、碰碰香等小型植物则放置在窗前及咖啡桌上。

书屋将成为人们逛街购物之余一处新的休闲之所。安坐其间，咖啡、书籍、植物与人共处，室内弱化成一个环境背景，成为激发人的体验和感受的场所。

材料说明

创意亲子互动空间

基本信息

项目名称：董懂 DǒNG DǒNG
项目地点：中国，惠州
项目面积：285 平方米
完成时间：2017 年
设计公司：SORA
摄影：陈少聪

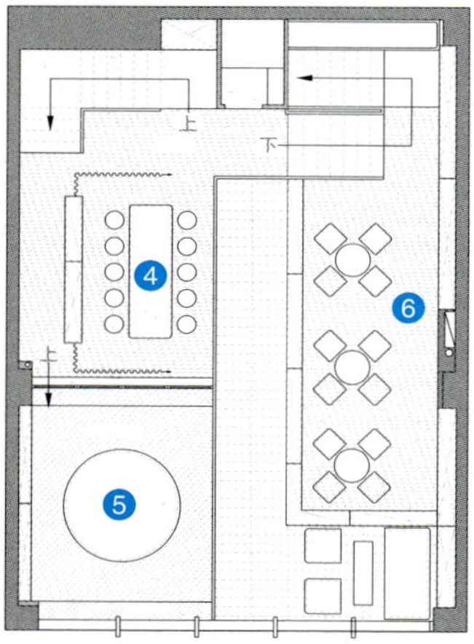

二层平面图

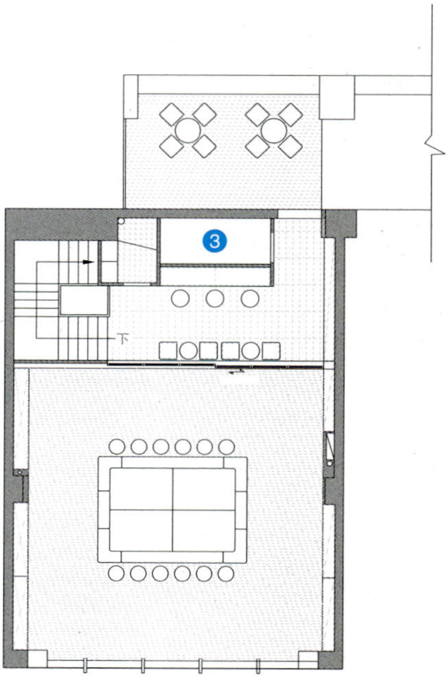

三层平面图

1. 展示台
2. 儿童休闲空间
3. 仓库
4. 工坊
5. 绘本空间
6. 休闲空间

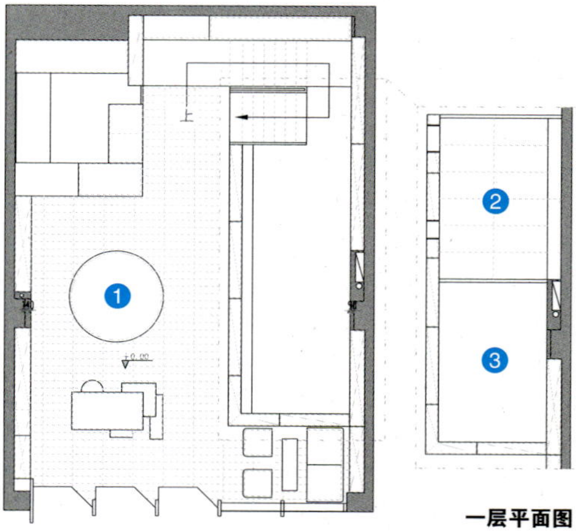

一层平面图

案例

18

养育
Pregnancy & Childcare
文学

董懂 DǒNG DǒNG 是一个以阅读为载体，融合文化休闲及儿童教育等功能，为生活提供精神文化、增添灵感与创意的城市互动空间。

书店整体视觉是以返璞自然、回归本心的原木色为基调，主要由买手区、绘本阅读区、梦想学院等空间构成。

一层拥有临街的高台阅读休闲区、创意生活区和1.5米限高的儿童专属脑洞大开阅读空间。其中的创意生活区有别于传统书店的书籍摆放规律，这里是根据人们关心的热点及消费习惯，通过生活化的场景布置的。二层是休闲阅读区及绘本空间，这里为家长和孩子们提供了相对独立的阅读空间。设计师设置了透明圆窗，可以促进家长与孩子相互沟通。允许一切可能的三层是孩子们的梦想学院——小课堂、分享会、电影日、讲座与论坛都可以在这里实现。黑色琴键、橙色阳光、绿色森林、蓝色海浪等自然元素图形贯穿始终，鲜活的颜色让孩子们如同置身森林之中，而生动、新奇的图形则可以激发孩子们的阅读兴趣与创造力。

少儿读物
艺术 / 摄影
进口书籍

BOOKS FOR LIFE
CEYLON

董懂 DǒNG DǒNG 打造的不仅是可以阅读的书店，更是一个将文字融入生活的亲子文化互动空间。业主和设计师希望以书本影响一座城市的成长。

仰望星空，追寻诗与远方

基本信息

项目名称：曦潮书店
项目地点：中国，上海
项目面积：370 平方米
完成时间：2018 年
设计公司：上海交通大学设计学院思作设计工作室
主设计师：范文兵，安康
摄影：CreatAR Image

1. 软饮休闲区
2. 多功能活动区
3. 图书展示区
4. 内部办公及定制选书区
5. 楼梯
6. 纪念品售卖区
7. 小组活动区
8. 公共阅读区
9. 私人阅读区
10. 库房
11. 露台

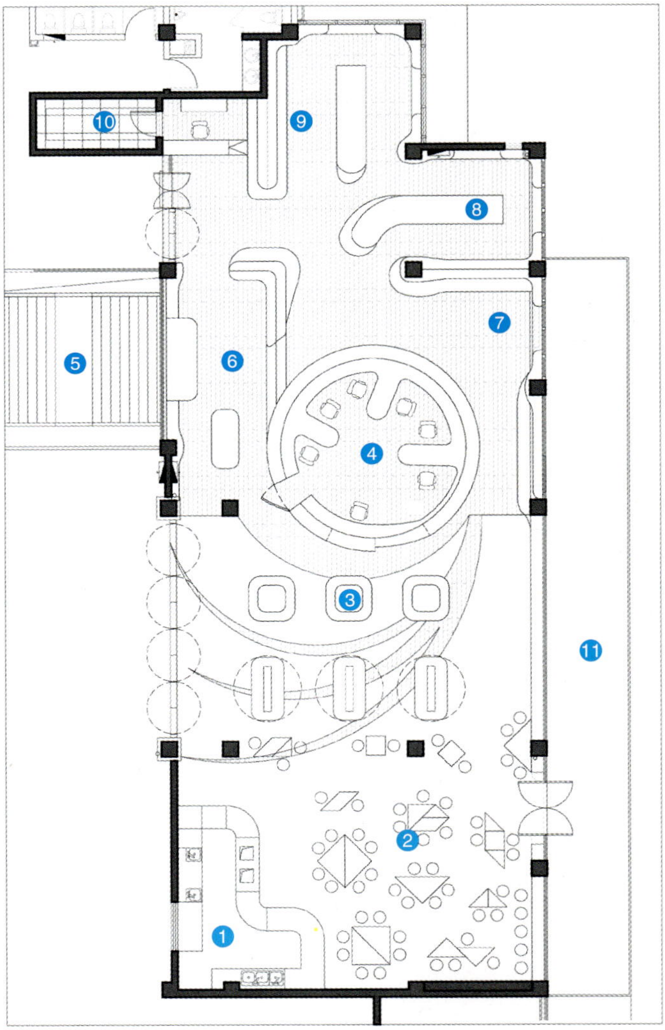

平面图

案例
19

曦潮书店的目标是打造一个面向学生群体的人文社区空间。这里说的“人文”，并不是从今天学科建制角度定义的人文学科，而是追求一种或指向未来，或自由无拘，但滋养人心、启迪思维的精神与知识构成的冲动。该项目设计的目标，就是希望持有上述价值观或对这种价值观感兴趣的学生群体通过书店常来常往，除了读书，还可以一起看电影、听讲座、看演出、举办小组活动，逗留徘徊，发生故事，邂

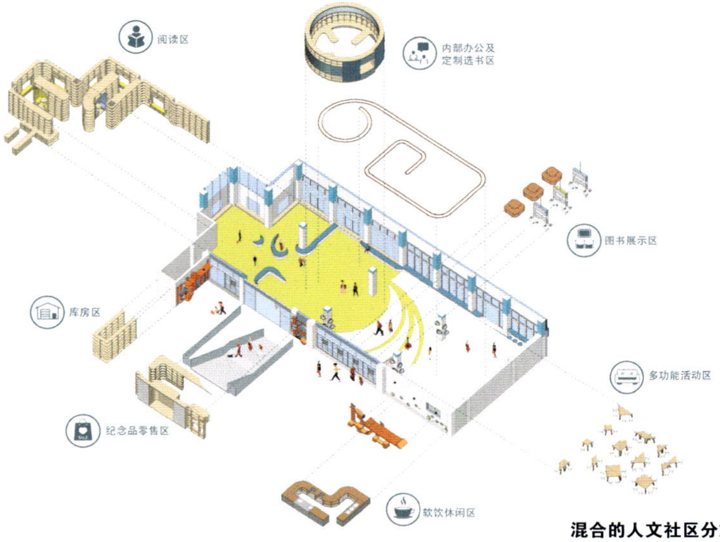

混合的人文社区分解图

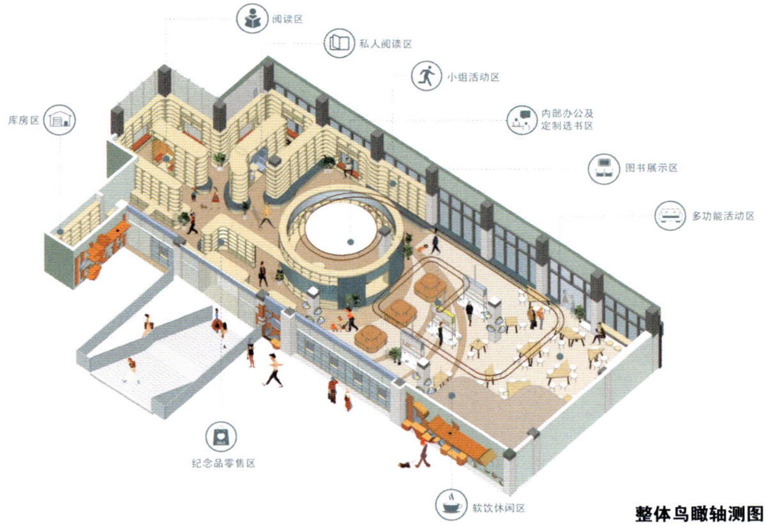

整体鸟瞰轴测图

逅同好，在人生最重要的时间段里，慢慢构建一个熟人社区。这将成为他们成长记忆中不可或缺的一部分。

设计团队结合社区不同人群的不同使用需求，将装置设计、视觉设计、广告设计、家具设计融入空间整体设计之中。旋转入口由 4 个绕中轴旋转的大书架构成，它们既作为整个区域的入口，也是一个展示书架。材料采用半透明的轻质 PC 板，达到模糊内外边界的效果，体现书店的公共属性。旋转书台用于区分公共活动区域和图书区域，拥有建筑构件和装置构件的双重属性，

自身作为桌子及展示架的同时，也兼具屏风的作用。

在书店的入口，有用汉字做成的极具标示性的招牌。多功能活动区内不同形状的桌子可以自由组合，依据不同使用需求，形成各种各样的组合桌，以适应不同的活动需求。

该项目以打造人文社区为切入点，营造了一个功能多元的开放性学生社区，业主希望书店能成为一个温暖的人文港湾。

基本信息

项目名称：陇上书店
项目地点：中国，上海
项目面积：188 平方米
完成时间：2018 年
设计公司：米凹工作室
摄影：梁山

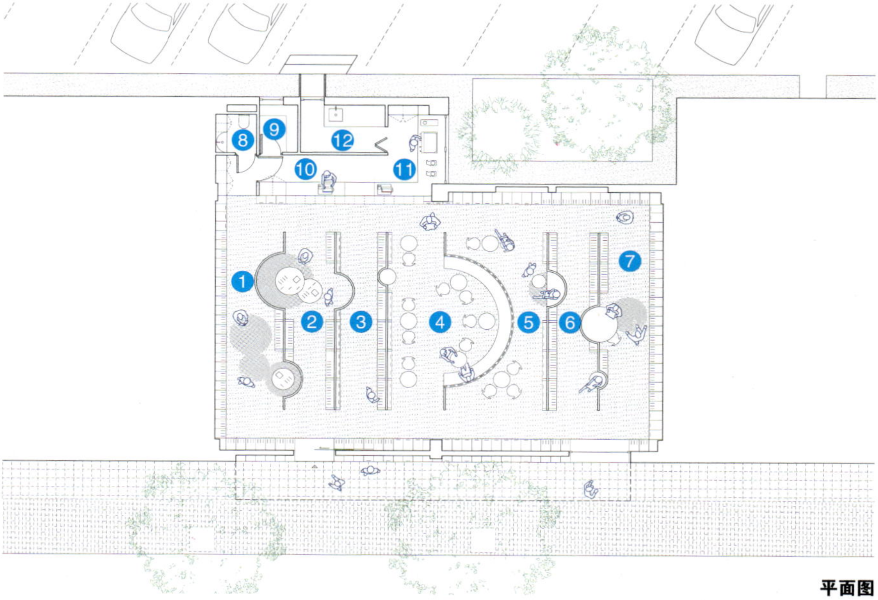

平面图

1. 儿童书区
2. 畅销书区
3. 文学书区
4. 咖啡沙龙区
5. 艺术书区
6. 社会科学书区
7. 教辅书区
8. 卫生间
9. 店长室
10. 书店收银区
11. 咖啡操作区
12. 外卖区

案例

20

这个空间的丰富形态和多元内容熟悉而又陌生——设计团队将这样的矛盾性与复杂性作为设计理念，并将其运用到了陇上书店的建造过程中。在对书架的形式做了深入考察后，设计团队发现直线平行排列的书架能给人提供最多路线选择的可能。在陇上书店里，所有的书架均采用钢板制作，同时，室外立面的幕墙结构采用了和书架一样的钢板。把

书架与书架连接起来，就出现了连续的“拱形屋顶”。拱形的顶和支撑书架的结构连成一片，成为一个连续的贯通空间。

至此，一个理想书店的模式已经初步形成：书架、弧形墙、支撑结构、拱形屋顶…… 当它们被置于梅陇路上，该怎样建立起书店与街道，甚至城市之间的联系？为了让室外与室内联系起来，设计师对书店原本的立面进行改造，并在入口处增加了一扇门和一扇窗。

在这里，书店、咖啡馆、沙龙出现在同一个空间中，彼此区分又交织在一起。因此，一面“弧形墙”被置入进来。较为宽敞的沙发区和陈列区都采用了这一元素，尤其是后者——坐在“弧形墙”里看书、在书架前浏览书籍，都成了有趣的体验。在人与人、人与环境之间产生微妙的互动。

在材料方面，不锈钢板是空间表现的主要材料之一。此外，书店还大量使用了木材——一种最自然、最温暖的材料。尽管它们都是很常见的材料，但这二者共存是很少见的——不仅增强了空间的抽象感，还给人提供了一种奇妙的空间体验感。

选择越多，交易量越大

基本信息

项目名称：KUSAMURA 书店
项目地点：日本，名古屋
项目面积：4 145 平方米
完成时间：2017 年
设计公司：SUPPOSE 设计工作室
摄影：矢野敏之（Toshiyuki Yano）

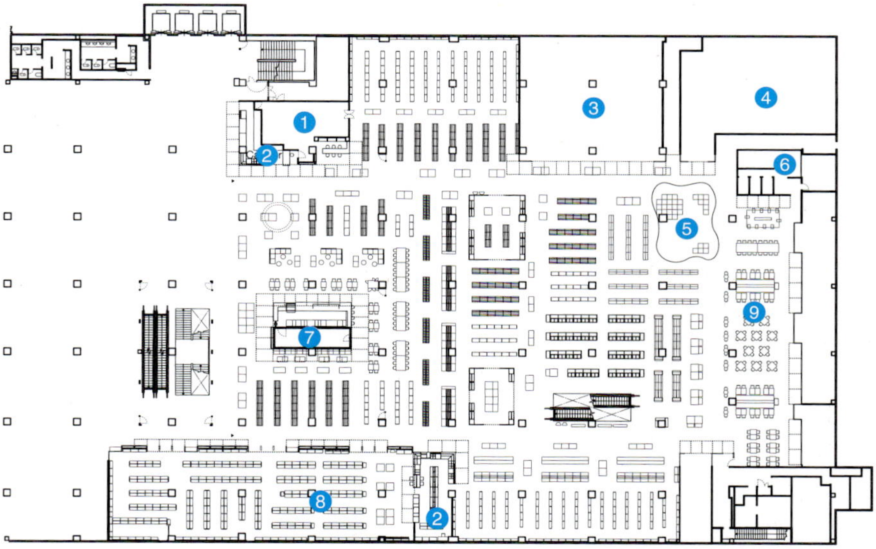

平面图

1. 办公室
2. 收银台
3. 药妆店
4. 热瑜伽工作室
5. 儿童区
6. 护理室
7. 星巴克咖啡厅
8. CD / DVD / 漫画出租室
9. 美食广场

案例 21

H
H02
H 児童書
キャラクター絵本
アンパンマン
ディズニー

草叢
KUSAMURA
BOOKS
TSUTAYA
TSUTAYA
Starbucks Coffee
TSUTAYA

漫步在市中心最古老的住宅区，人们会不由自主地注意到巷子里摆放着的一盆盆植物。它们很容易被视作私人房屋的延伸，同时也构成了巷子里的景观。在这个项目中，设计团队将这类景观所占据的公共和私人区域之间的模糊地带充分利用了起来，提升了商业环境所带来的感染力。

在日本的很多城市，路边也经常被看作是社交聚会的场所。于是，在这里，简单的摊位变成了“商店”，人们聚集在周围。设计团队的目标是增加空间对行人的吸引力，并从整体上为商业环境带来新的活力。

H01
G01
H
G

H
G

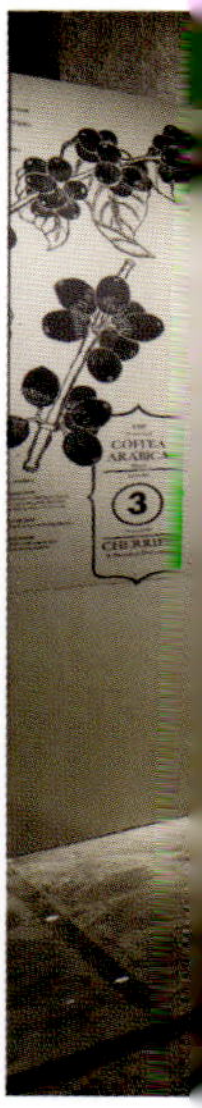
COFFEA
ARABICA
3

这是一个低成本的室内项目。设计团队剥去了地板上的覆盖物，露出了地板原有的样貌。他们用胶合板装饰家具和货架。

这家书店同时还是一个配销中心，货架的作用是存放货物，以此周转库存。

长屋檐可以起到模糊空间边界的作用，行人会更乐于在走道上漫步，然后突然发现自己正处在一家书店里。当人们与一本有趣的书面对面时，他们会停住脚步，如果这时他们转过头看到了一家咖啡吧，也许会在那儿待上好一会儿。当人们在一个空间内有更多的选择时，他们自然想留下来消费，而交易量也自然有所提升。

打造一间建筑艺术殿堂

基本信息

项目名称：文心艺所书店
项目地点：中国，台北
项目面积：140 平方米
完成时间：2018 年
主设计师：谢文智
摄影：朱逸文

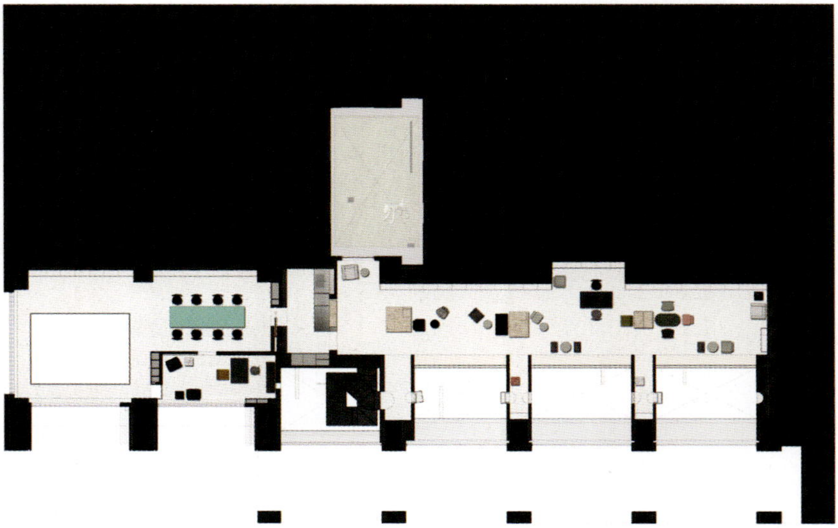

二层平面图

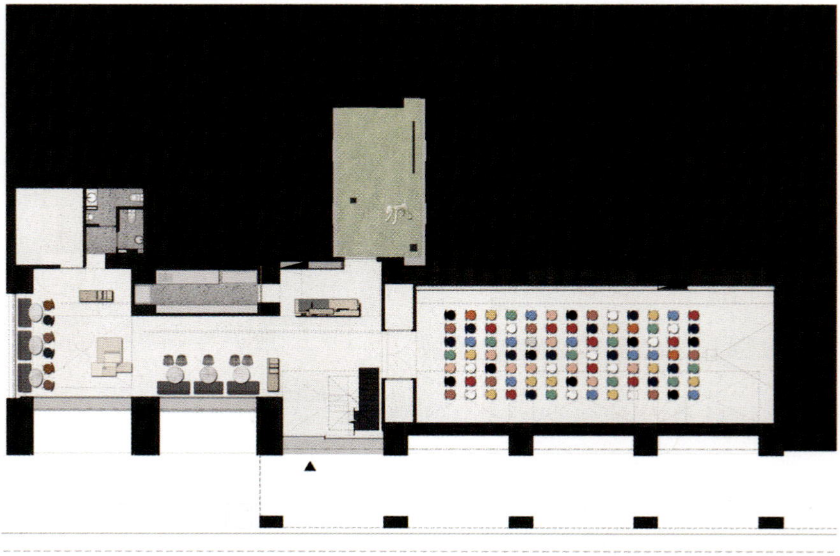

一层平面图

案例 22

JAPAN

General Theory of Urbanization 1867
Tadao Ando
Italo Calvino

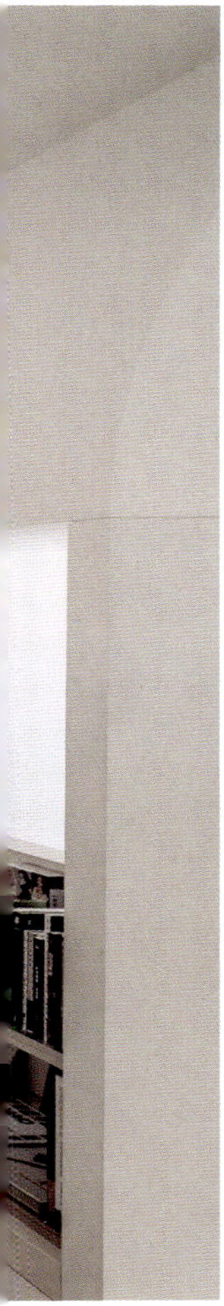

一家书店之于一座城市有什么意义？文心艺所书店以鲜明的主题及空间个性重新定义人们对阅读的立体想象。

书店位于一个安静的巷子里，没有拥挤的人潮，然而在开业不到两个月的时间里，这间书店就成了建筑、设计、艺术界热烈讨论的话题——建筑系教授带学生来这里学习；设计师们常在这里聚会；在这里，甚至还有可能与某位艺术家、作家不期而遇。

书店的设计师谢文智认为，知识属于所有人，阅读是自由的。现在是一个信息普及的时代，书虽然是神圣的，却不该把它放在高处，让人很难拿到，反而要更亲近人。所以谢文智认为，整个空间最矮的部分应该是书架，要让消费者取最上层的书时不需要踮起脚。书柜以透明亚克力为主材料，让光线可以穿透书柜。空间的核心设计是一个存在又仿佛不存在的楼梯——黑色钢材料，让它看起来像黑洞一样，将人们带入知识的殿堂。

一楼共有五个平台，上面除了有阶梯状的形式增添趣味性外，设计师还打造了雕塑台和展示台。连接二楼的是圆形天井，设计师让这里成为宽阔的阅读广场，为读者提供舒适的阅读环境。这里适合举办中小型讲座，大家可以围坐在一起听讲。

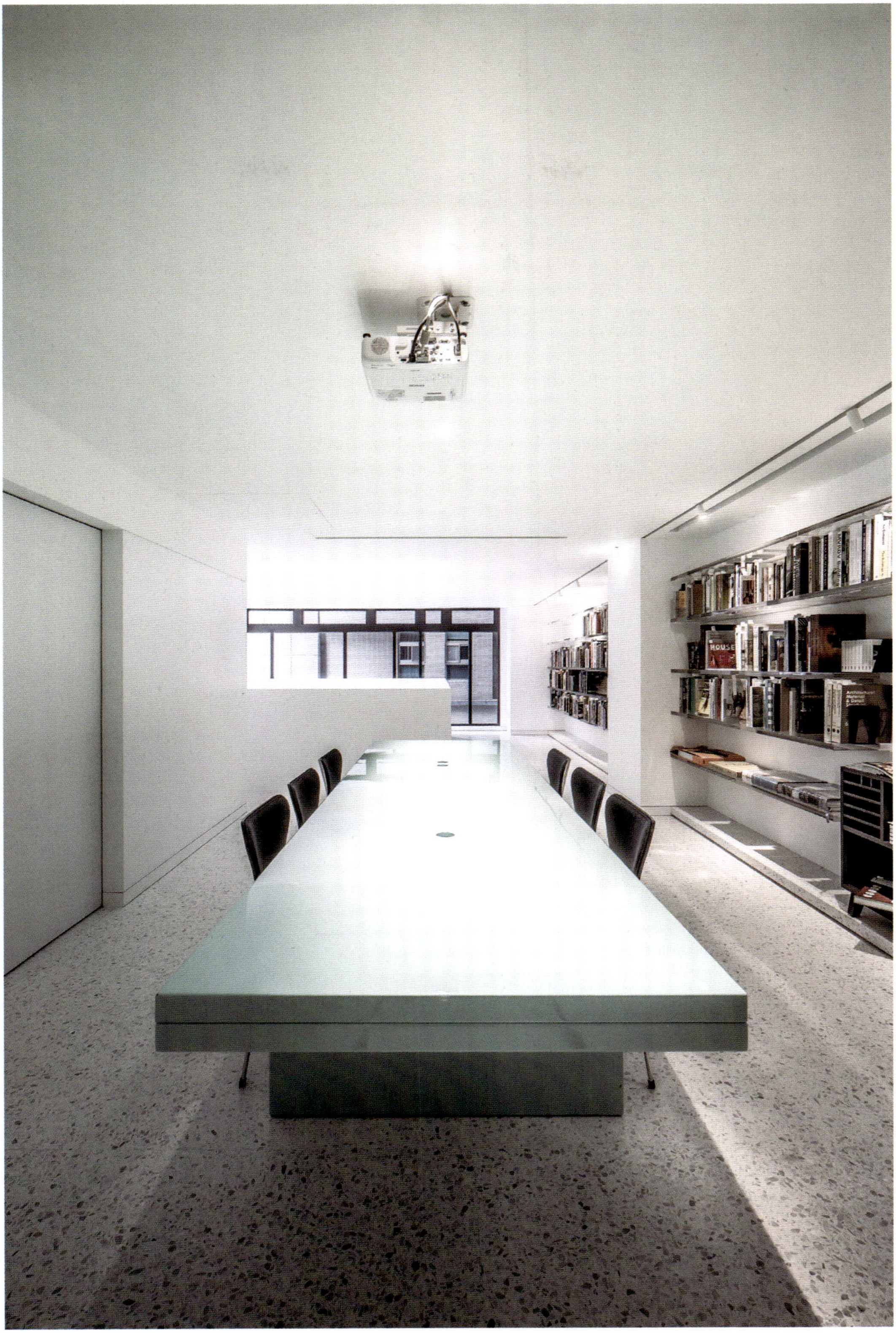

GA
GA
PIANO
CASE STUDY HOUSES
SHAPING CITIES

这个空间以书和艺术为主角。窗户、楼梯，甚至每个小空间的连接，都是经过精心设计的。人们一旦进入这个空间，就会改变自己的很多行为，自然而然地融入其中。这就是结合了哲学与心理学的立体阅读。

作为一个以建筑和城市为主题的人文书店、咖啡艺所和展览空间，它立足于小区域，但放眼全世界的人文景观，关注文化与艺术如何塑造我们的精神生活，并与读者一起思考美好的生活的意义。

展开书店与城市的对话

基本信息

项目名称：啡页书咖
项目地点：中国，石家庄
项目面积：850 平方米
完成时间：2019 年
设计公司：峻佳设计
摄影：峻佳设计

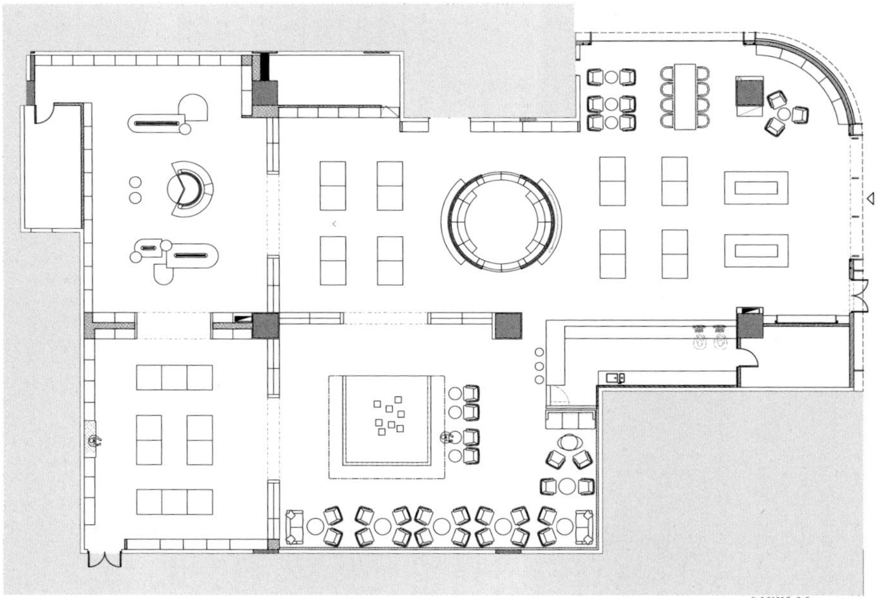

平面图

案例
23

峻佳设计受河北新华书店的邀请，为其打造一个书与咖啡、生活的混合体，为当下的阅读与消费群体打造城市精神生活的美好栖息地。

设计从两个维度为品牌塑造城市文化超级符号：一是从书店与城市的角度，挖掘在地化城市符号“桥”，衍生出弧形及桥拱元素贯穿的设计，表达品牌对城市精神和文化记忆的传承；二是从品牌传播角度，通过关联品牌的视觉焦点，以独特的天花板造型形成“飞行的书本”般的空间剪影，为店铺塑造具有传播力的记忆点。

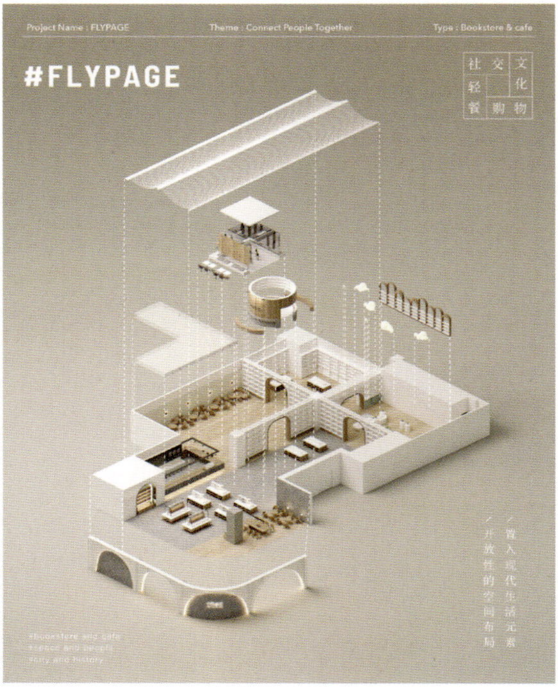

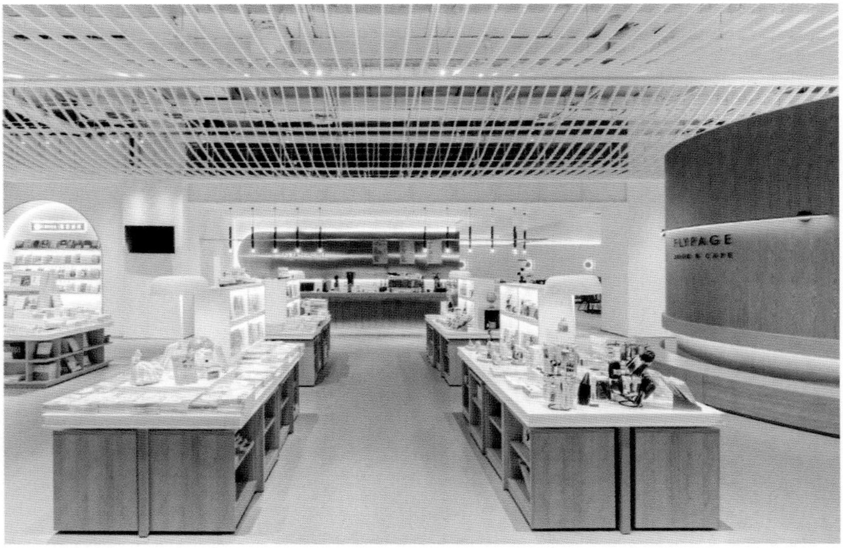
FLYPAGE

FLYPAGE COFFEE

整个室内以开放式的布局结合拱形元素，形成自由穿梭的动线，同时植入现代的生活元素，包括社交、文化、购物、轻食等，创造了文化与时代之间的对话。

在店铺视觉焦点的打造上，峻佳设计巧妙地将品牌名称“啡页”与书籍阅读中的“扉页”进行关联，通过白色弧形线条打造天花板。

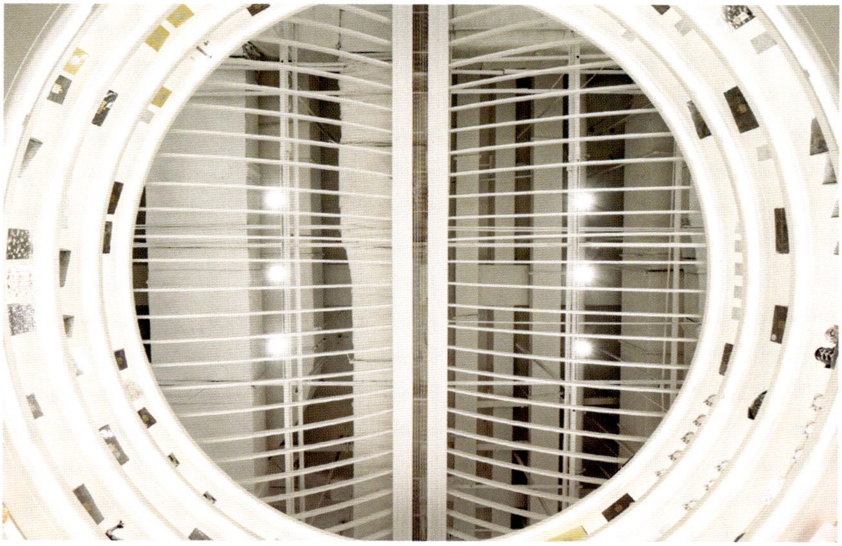

铺面以白色为主色调，金属网格框架形成了空间中疏密有致的分布层次。水泥灰色与金属元素的碰撞带来时尚的现代感，也正是在这种工业风格的映衬下，木色柔软温暖的质感愈发突出，从整体上升华了空间美好的阅读情调。

FLYPAGE

BOOK & CAFE

阅读·咖啡·烘焙·盆栽

基本信息

项目名称：Kahawa 咖啡书屋
项目地点：波兰，波兹南
项目面积：118 平方米
完成时间：2017 年
设计公司：Starzak Strębicki 工作室
摄影：马图斯·比尼亚斯奇克
（Mateusz Bieniaszczyk）

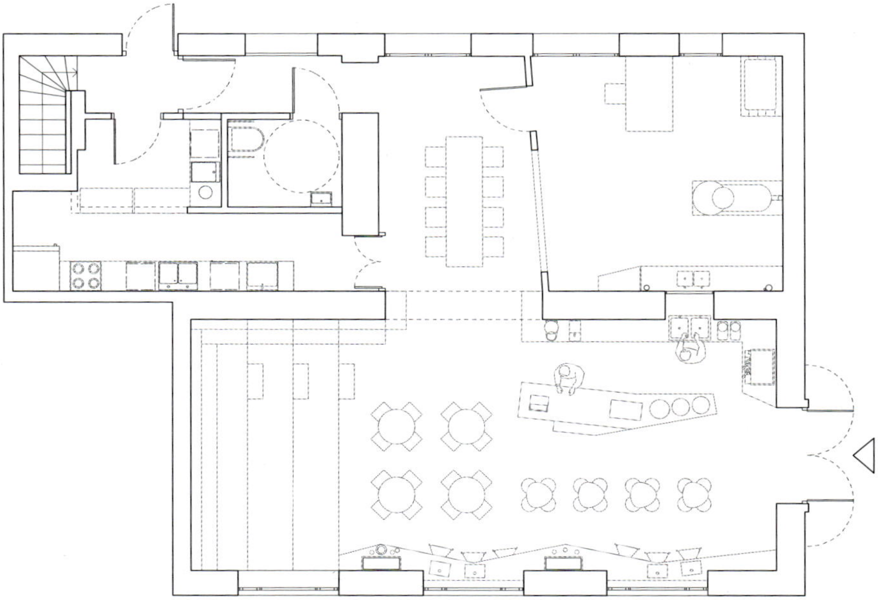

平面图

案例
24

想象一下，当一家咖啡馆、一间阅览室、一家书店和一家咖啡烘焙店集中在同一个空间内，是一番怎样的景象？这里曾经是一个奶吧，空间被划分成了多个区域，清晰地展示了多种功能。

业主将他对书籍的热爱与童年在非洲留下的美好回忆相结合，与设计师共同打造了一个满足图书爱好者和咖啡爱好者各种需求的场所。

在第一个区域内，轻型木制酒吧凳沿着窗边排开，舒适的扶手椅搭配低矮的咖啡桌，软枕头随意地放置在木制平台的楼梯上。第二个区域内有一张大木桌，周围摆放着软垫椅，顾客可以在这里聚餐或是工作。第三个区域在一面玻璃墙后，在这里，顾客可以看到店员在书屋的中央制作咖啡——白色的墙壁映衬着黑色的烘焙机，砖石结构也十分显眼。

设计保留了空间原有的肌理和结构，朴素、低调的色调，天然的材料，充足的光线与盆栽植物，书籍和喜欢喝咖啡的读者构成了一幅生动的画面。

新零售时代，艺术之光点亮城市风景

基本信息

项目名称：言几又（北京王府中环店）
项目地点：中国，北京
项目面积：1 100 平方米
完成时间：2018 年
设计公司：峻佳设计
摄影：峻佳设计

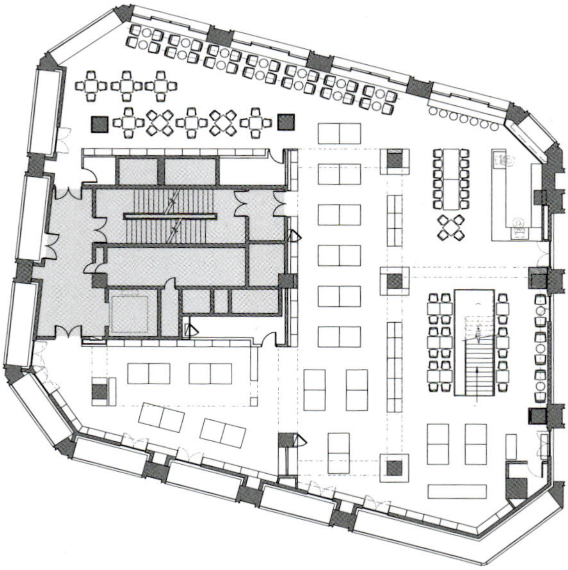

二层平面图

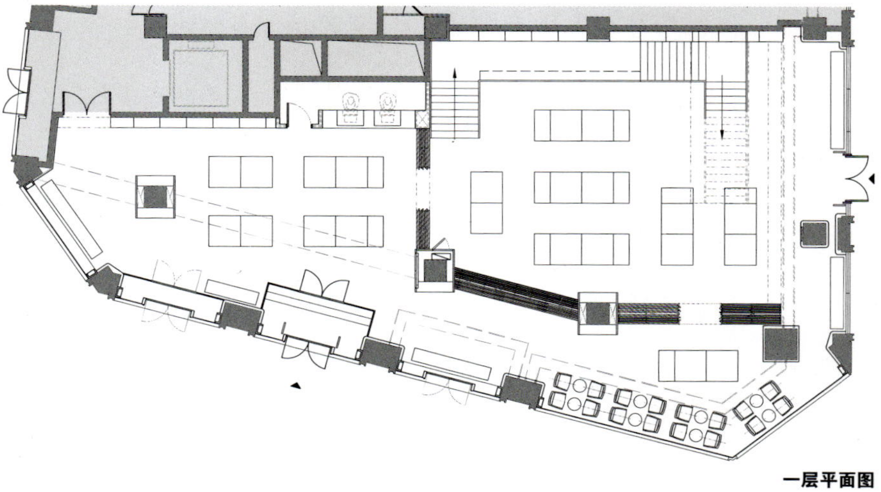

一层平面图

案例 25

诗歌

在距离故宫仅数步之遥的王府井中环，峻佳设计从城市出发，为言几又量身定制了一个艺术策展空间——不仅延续了言几又“连锁不复制”的品牌理念，也以设计中的多重边界来打破“混沌状态”，赋予空间更多样的内涵。

设计团队旨在打造出繁华商业体中的艺术文化空间。在这里，艺术既是空间主题，也是策展的核心，更是连接人与人之间情感共鸣的美好载体。在寸土寸金的商业核心地带，该空间可以说是有关商业的大胆实验，却也因此成了人们乐于探访的城市打卡聚点。

1. 图书陈列区
2. 童书区
3. 展区
4. 咖啡店
5. 收银台
6. 楼梯

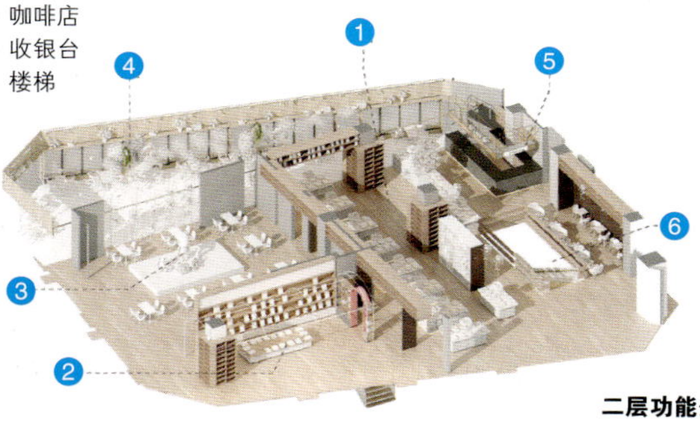

二层功能分区图

1. 图书陈列区
2. 艺术装置
3. 展区
4. 收银台
5. 楼梯

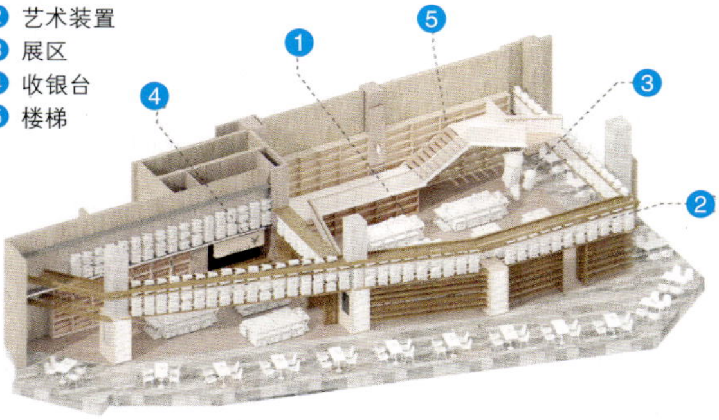

一层功能分区图

这是一个以“艺术策展”为主旨的空间，峻佳设计需要解决的问题是如何在有限的空间内，创造无数种可待捕捉的场景，使人们游览于其中，可以体验时间与空间的无限延伸。

整个空间以木头为主材料，原木色为主色调，辅以冷、暖单色灯光，让空间愈加纯净。不同区域配以不同的天花板造型，形成统一而又互有区别的视觉效果。弱反差的用色、柔和的灯光、流畅的线条、书架的排布共同形成了多处小通道，人行走于其中，可以与空间形成互动。

GIORGIO ARMANI

手调经典咖啡

生于野莽，安于邻间

基本信息

项目名称：邻间 LINGERS
项目地点：中国，深圳
项目面积：119 平方米
完成时间：2017 年
设计公司：深圳合吉空间艺术有限公司
摄影：陈庆纲

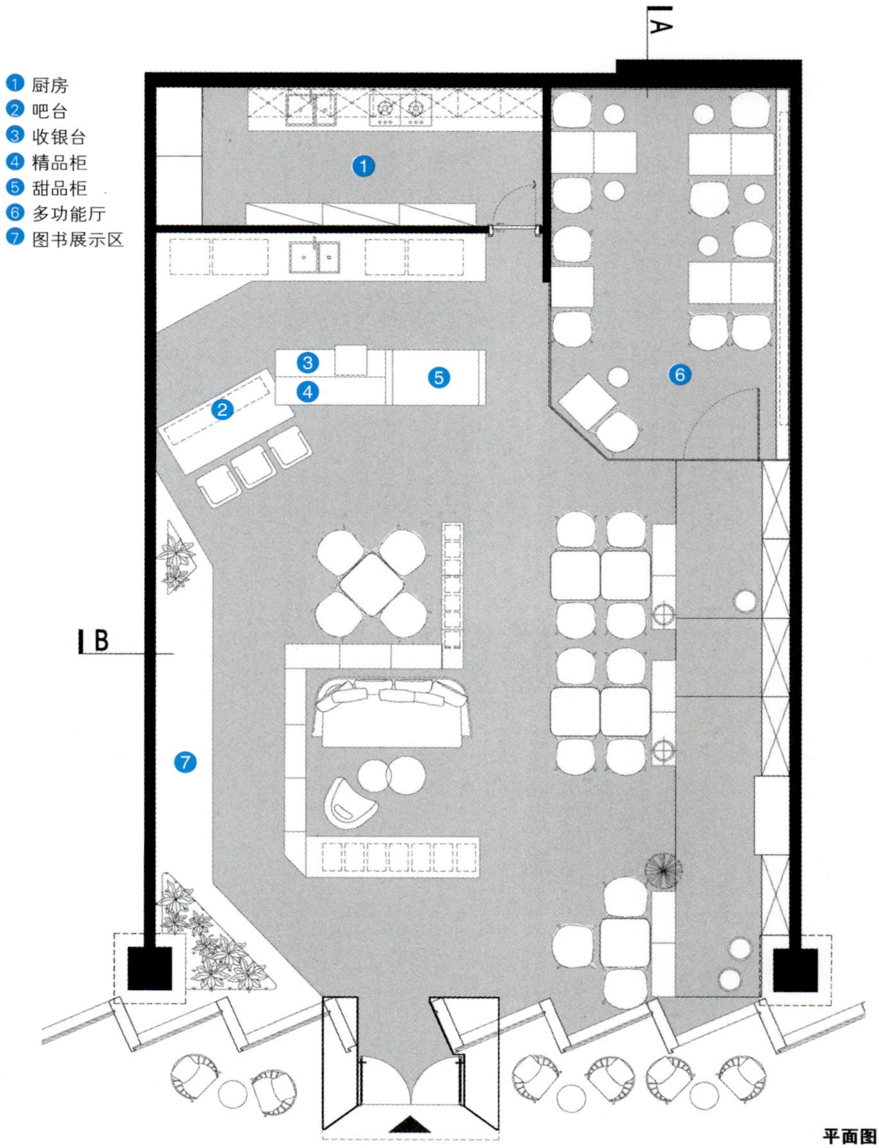

平面图

案例 26

他方世界
我是猫
夏目漱石
邻间
LINGERS

“生于野莽，安于邻间”，正是店名的由来。邻间 LINGERS 位于深圳南山区，是一个结合书籍与咖啡、甜品的复合式空间。其设计灵感源自电影《布达佩斯大饭店》中略带灰度的粉以及玫瑰金色的美学配色，整个书店营造了典雅而甜美的空间氛围。

门口的大型框架及玻璃大门的门把手，将书店名字中“间”字作为概念元素。入口处的地板看起来好像无限延伸的平行金属线条，引导着来客进入书店安坐片刻，暂时忘却外界的喧嚣。顺着金属装饰线的引领进入室内，映入眼帘的是雪白的大理石地面、logo 造型墙以及整排的落地书墙。书墙使用与入口框架相同的玫瑰金色不锈钢打造而成。

邻问
LINGERS

室内运用了玫瑰金色墙板，留一面暖灰色漆墙来调和空间的整体色调。软装配置也沿用了空间的主材质：白色大理石展示台、金属边框的玻璃书架以及大理石桌。其中，金属脚座椅搭配淡粉及草绿色的跳色沙发椅，营造了柔和且具有现代感的氛围。大片落地的玫瑰金色不锈钢书墙与座位之间设置了平台，平台的尽头为多功能空间，可供会议、课程或展示等使用。吧台背墙及上方格状交错的垂降装饰配合错落分布的球形玻璃吊灯，丰富了整体室内空间。

邻间 LINGERS 出售的书籍、杂志和小物皆为店主精心挑选，与整体设计一起形成了极具个人风格的特色书店。在这里，人们随时可以享受一段咖啡时光。

公共空间和图书馆的结合体

基本信息

项目名称：Saraiva 书店
项目地点：巴西，里约热内卢
项目面积：2 000 平方米
完成时间：2013 年
主设计师：亚瑟・卡萨斯（Arthur Casas）
摄影：费尔南多・格拉（Fernando Guerra）

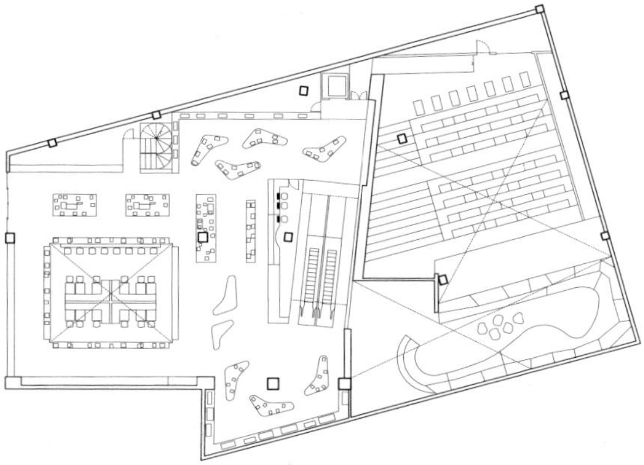

中层平面图

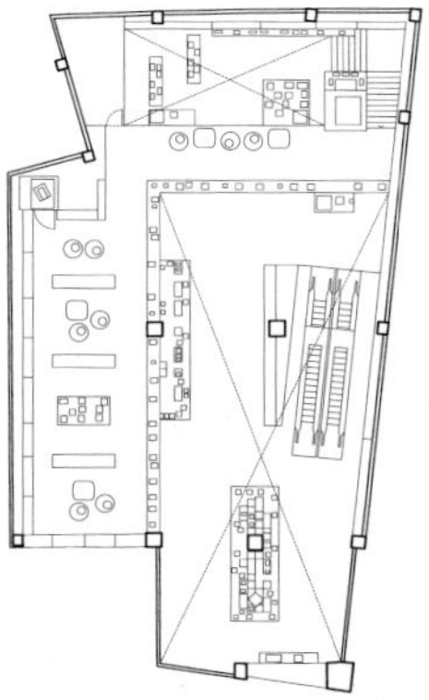

夹层平面图

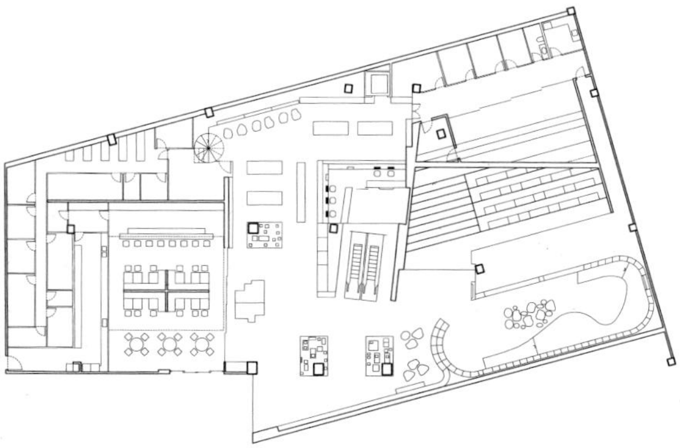

负一层平面图

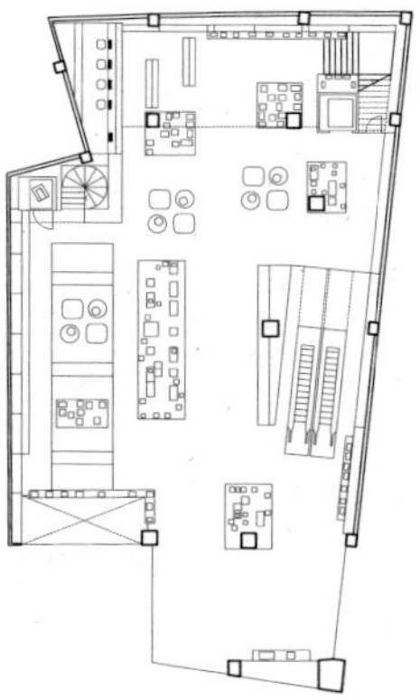

一层平面图

案例
27

COLOR EN MÉXICO
salads
JOHN BROOKES
1000x
EUROPEAN HOTELS
DIARMUID GAVIN & TERENCE CONRAN
OUTDOORS
MANAGERIAL ACCOUNTING
saucy

Saraiva是一个集娱乐、休闲、阅读于一体的场所。整体设计简洁又不乏吸引力，可以使人埋首于书本之中，任思绪游荡。对设计师来说，运用诸多元素，同时要避免店面过于单调乏味，还要鼓励人们在一个舒适的氛围中互动，可以说是一项不小的挑战。

这家书店位于里约热内卢的一家商场内，共四层，来访者可以通过一个双层通高的空间进入。这里的书架和展示柜似乎飘浮于空中，以突出其上放置的书籍和商品。一些书架吊置在横杆上，以适应不同的布局需要。为书店定制的瓷砖使地面看起来更有光泽，增强了灯光的反射效果。巴西

Artes
FAZENDAS
PICASSO
DALI
PRADO

胡桃木被用于各个空间，为五颜六色、质地各异的书籍和商品提供了一个中性色调的温暖背景。靠近地面的书架呈一定的角度倾斜，人们一抬头便可看到书名。

多媒体空间、咖啡馆、礼堂和儿童空间位于地下一层。多媒体空间的灰色色调凸显了电子产品的特质，展示柜更是增加了空间的互动性。多彩的坡道打破了儿童空间的中性色调，引导孩子们探索这个符合他们身体比例的空间。

cálculo
cálculo

用一杯咖啡来激发奇思妙想

基本信息

项目名称：9¾ 书店·咖啡馆
项目地点：哥伦比亚，麦德林
项目面积：200 平方米
完成时间：2016 年
设计公司：PLASMA NODO 建筑事务所
摄影师：丹尼尔·梅嘉（Daniel Mejía）

平面图

案例
28

DUKE ELLINGTON
THE FAMOUS
BILLIE HOLLIDAY
RAYMOND CHANDLER
RESPIRA
RUSSIA
ADVENTURE JOURNAL
TRAVELOGUE
El Principito

9¾是一家专门面向儿童开放的书店，孩子们可以在这里感受书籍的美妙，大人们也可以在这里度过一段美好的时光——一边享用香浓的咖啡，一边阅读各种各样的书和杂志。设计团队认为，技术永远不会取代书籍的地位，因此，这座城市需要一个让人感到温暖和愉悦的学习场所，吸引人们呼朋唤友来此共度美好时光，徜徉在知识的海洋之中。

店内为儿童设置了一个小型的隐藏空间——摒弃了传统的桌椅模式，并且与孩子的年龄和学习方式相适应。孩子们可以在此画画和玩耍，或者静静欣赏一本好书。大人们则可以在私人阅读室或公共阅读桌旁看书。

这里供应的咖啡原料来自哥伦比亚最好的咖啡豆产区，由专业的咖啡师调制。整个空间被温暖质感的材料包围，以抵御书店所在地的寒冷气候。家具、物品和装饰好像在向人们证明：一本好书能够给人带来无限的愉悦。

在这里，人们相信想象力和魔法，并认为一杯香浓的咖啡有助于激发最奇妙的想法。

MATERIAL PEDAGOGICO

有『自习室』的书店

基本信息

项目名称：云端书店
项目地点：中国，上海
项目面积：247 平方米
完成时间：2020 年
设计公司：恒田设计
摄影：郑焰

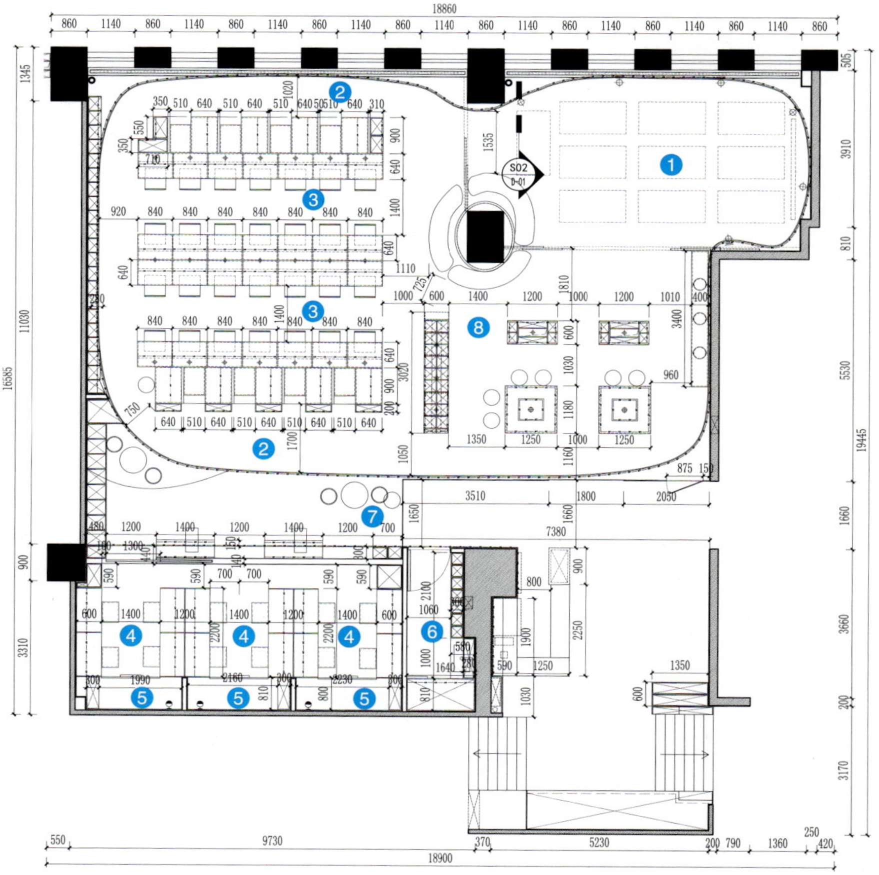

平面布置图

1. 活动区（瑜伽 / 演讲 / 辩论赛）
2. 一人席卡座
3. 一人自习桌
4. 自习室
5. 太空舱式休息位
6. 更衣 / 换鞋间
7. 休闲咖啡区
8. 高书柜 + 卡座

案例 29

信息时代，网络越便捷，信息传递越快速，人们就越向往能够让人静静坐下来阅读的空间。白云之下，书海之间，设计师想用这样柔软的环境，让文字变得温暖、自由。

云端书店坐落于上海市南京西路的一个商业大楼内，空间不大，但是很温暖。玻璃门入口简单通透，既节省空间，又让室外的行人不禁驻足，想要一探究竟。看似复杂的空间是由基础形状构成的——简单的形状形成美妙的观感。白色的弧线让店内氛围轻松、自然。光线在弧形屋顶的漫反射下更加均匀。在这里可以画画、写字、练瑜伽、参加沙龙，也可以屏蔽一切干扰，专注于手中书本的内容。

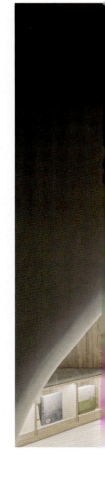

云端书店的自习室就像青春剧的主角们高考前每天必去的私有空间一样，虽然简单朴素，却充满了自豪而暖心的回忆。无论是一个人读书、两个人讨论，还是伙伴们一起进行头脑风暴，这里都有一个合适的空间。

在灵魂交流的时间里，一切抽象的事物，看起来都很动人。春天到了，一起去书店自习吧！

基本信息

项目名称：『他们说』书店

项目地点：格鲁吉亚，第比利斯

项目面积：150平方米

完成时间：2018年

主设计师：拉多·罗米塔什维利（Lado Lomitashvili）

摄影：纳卡尼马马萨赫里西（Nakanimamasakhlisi），拉多·罗米塔什维利

文化活动家

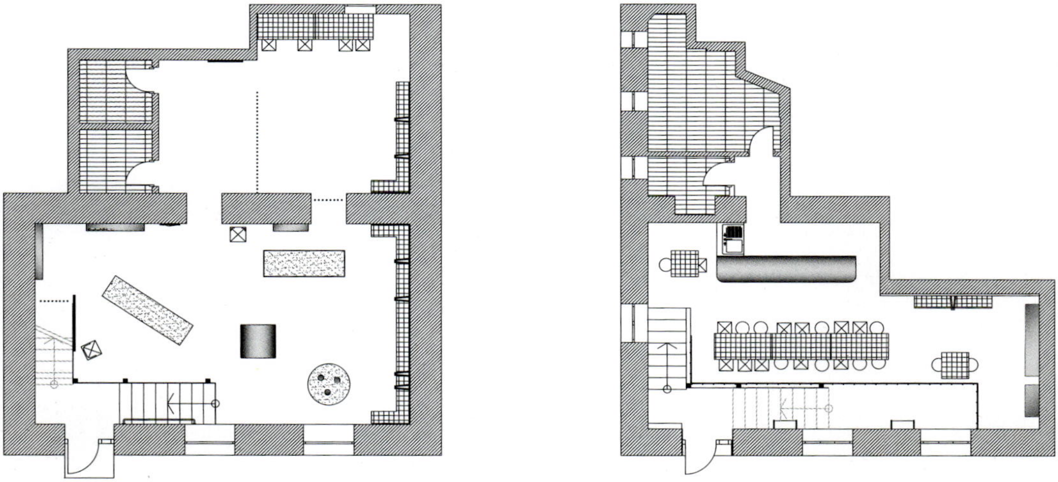

平面图

案例

30

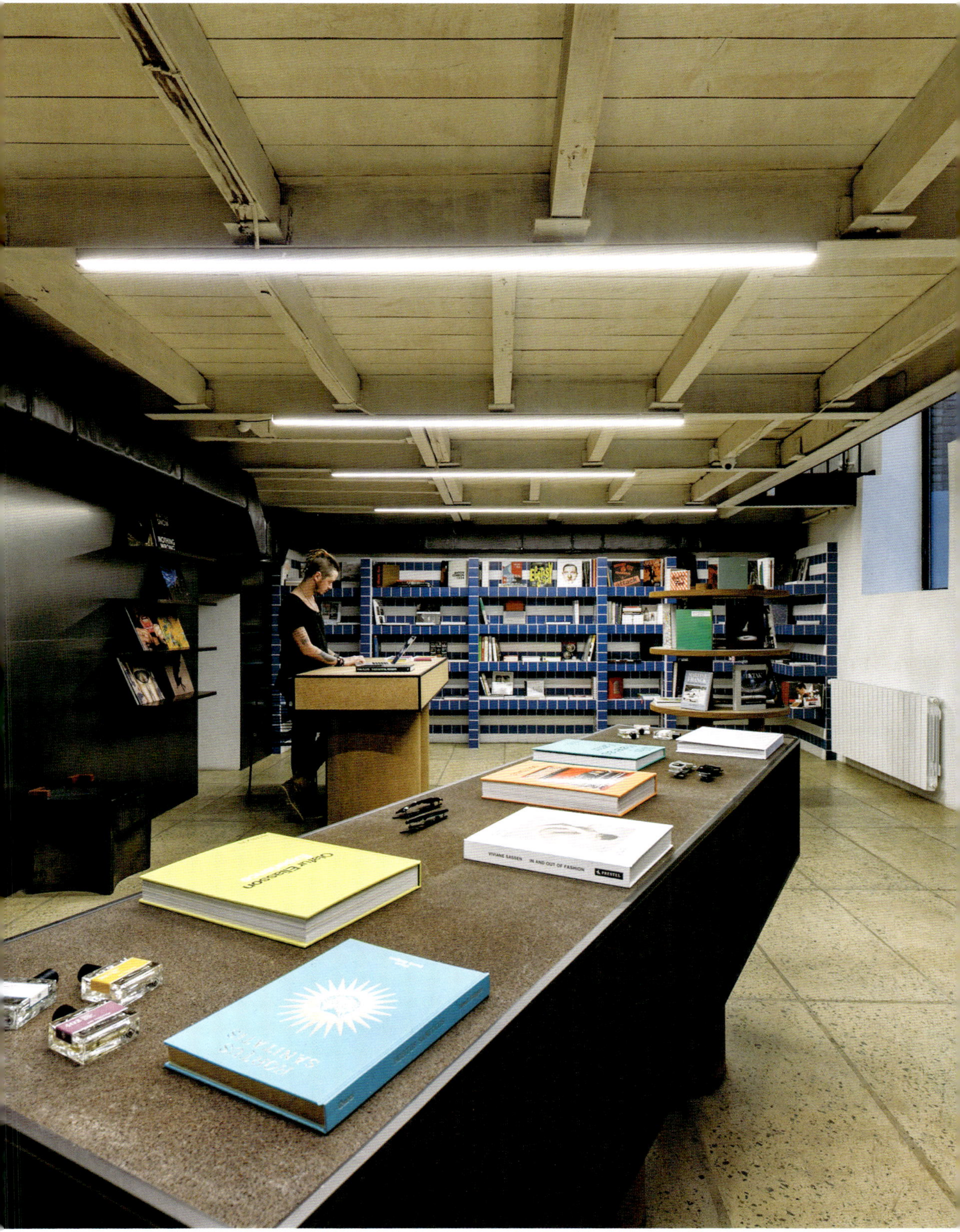
VIVIANE SASSEN IN AND OUT OF FASHION
PRESTEL

“他们说”书店出售书籍、小众杂志和生活用品，里面还有自己的咖啡吧。其创始人希望这家店可以为格鲁吉亚首都的文化发展提供支持，同时试图通过扮演文化活动家的角色来消解历史动荡给这个国家，特别是第比利斯带来的创伤。书店占地150 平方米，是由格鲁吉亚年轻的建

筑师、艺术家拉多·罗米塔什维利设计的。

这家书店位于第比利斯市中心以西的一栋建于20世纪30年代的建筑内，透过两层楼高的窗户可以俯瞰相邻的街道。空间内使用了多种深浅不一的棕色材料，以代表咖啡豆的成熟过程。一楼的地面铺设了泛黄的水磨石瓷砖。门廊锈迹斑斑的金属线条与银色的金属墙壁形成对比。设计师用软木打造展示桌，并设计了结实的圆柱形桌腿。店内采用开放式布局，鼓励当地的创意人士聚集在这里进行交流。

楼上是咖啡吧，那里设置了一个弧形的服务吧台。设计师用蓝色和白色的瓷砖打造了一张长条桌子，人们可以坐在那里办公。橙色的瓷砖也有类似的效果——破旧石膏墙上的橙色瓷砖架子展示了可以购买的茶杯和袋装咖啡。铜盘灯照亮了这层空间，它们沿着天花板整齐地排列着。

古都的新型书店综合体

基本信息

项目名称：言几又（西安迈科中心旗舰店）
项目地点：中国，西安
项目面积：4 500 平方米
完成时间：2018 年
设计公司：Tomoko Ikegai / ikg inc.
摄影：Nacasa & Partners Inc.
奖项：2019 年 IIDA 亚太区最佳设计奖零售类获奖作品

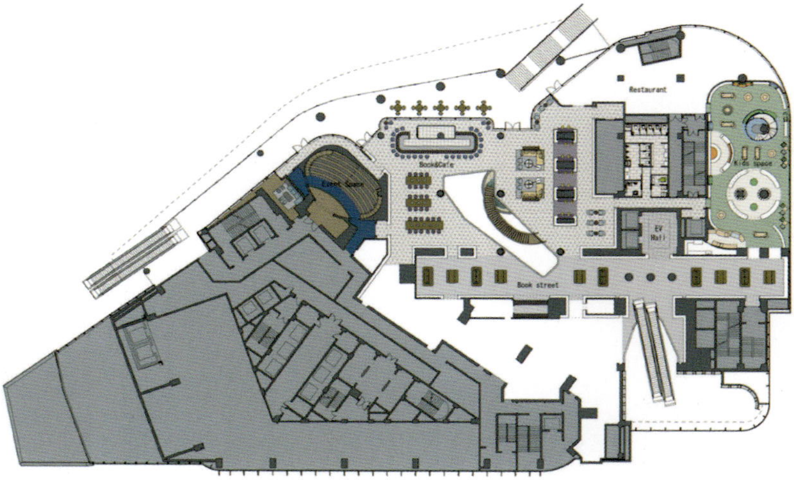

二层平面图

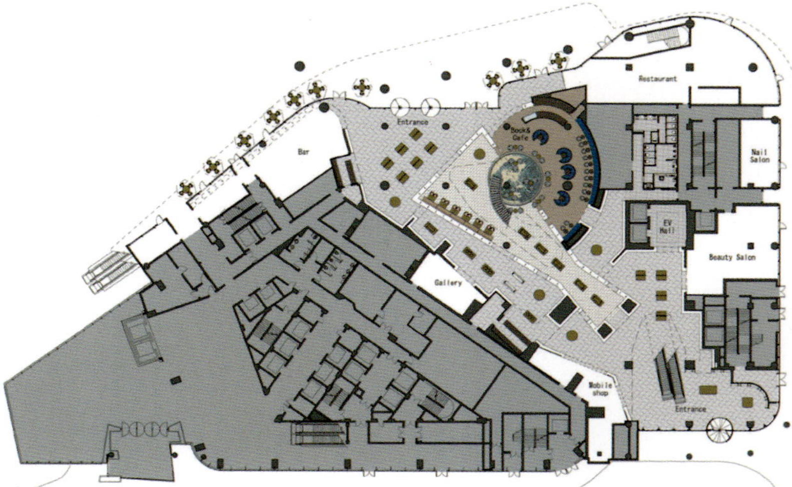

一层平面图

案例 31

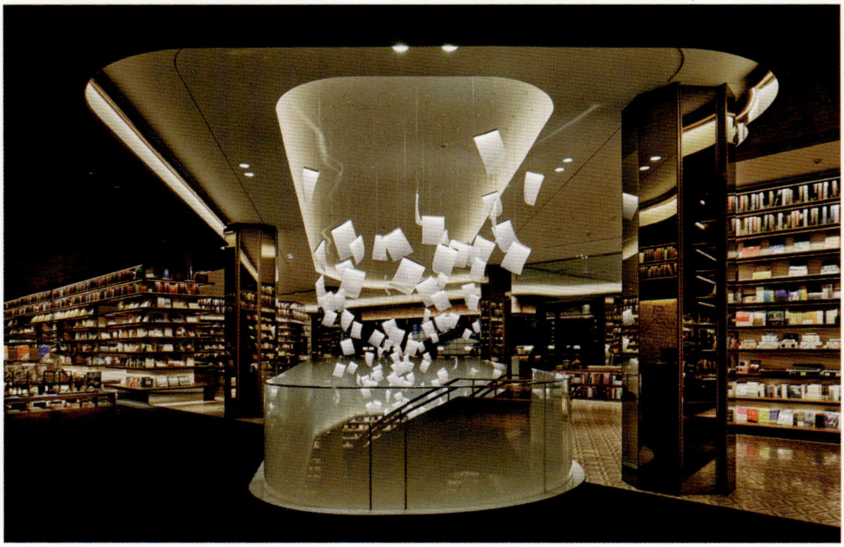

这个新型复合书店项目位于中国的文化古都西安，引起了社会各界的广泛关注。

这是一个规模宏大且颇具影响力的社会空间，位于一栋高档建筑的一层和二层，占地 4 500 平方米。本案的设计目标是打造一个促进东西方交流、文化融合、人与书邂逅的场所。项目的整体概念是“阅读空间和艺术空间”。阅读空间可供人们学习和独

处，艺术空间则是用来展示文化的。设计团队将两个空间的要素融合在一起，以鼓励顾客与书店互动，提出具有创意的想法。书店的整体布局类似宫殿，各房间彼此相连。

值得一提的还有50米的图书长廊——设计师通过降低天花板的高度并采用色彩厚重的材料，营造出画廊般的艺术氛围。独特的艺术作品——它们均为原创作品，都是根据当地的文化主题定制的——与整个书店融为一体。书店内还摆满了各种各样的文化展品，可以坐下来学习的角落更是随处可见。整个空间雅致、古典，反映了中国悠久而令人自豪的历史，人们可以在这里放松、学习、思考、享受生活，踏上一段超越时空的创意之旅。

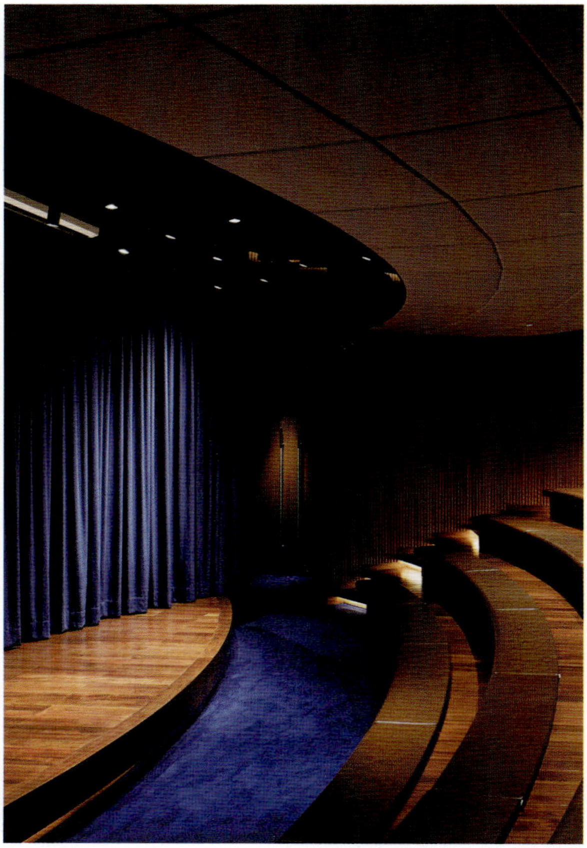

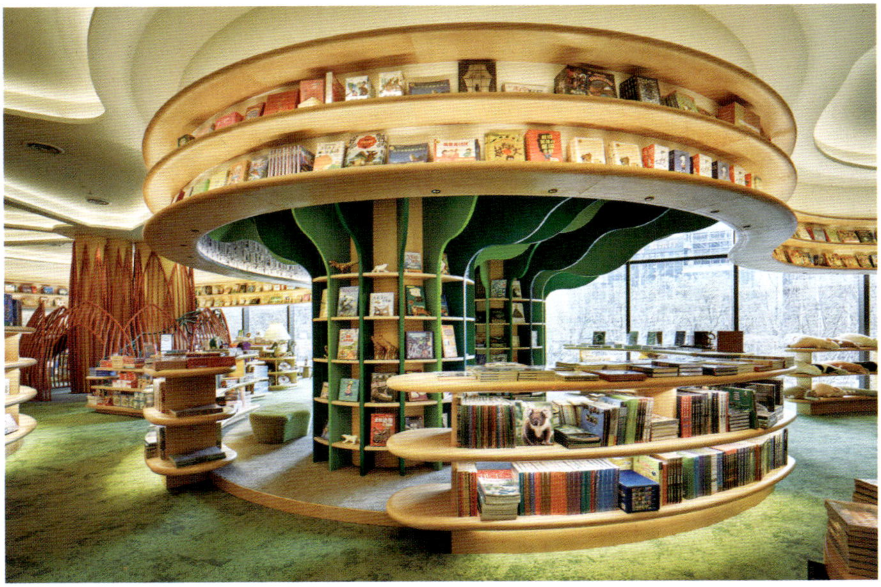

金属彩虹里的书店

基本信息

项目名称：钟书阁（苏州店）
项目地点：中国，苏州
项目面积：1 380平方米
完成时间：2017年
设计公司：Wutopia Lab
主设计师：俞挺
摄影：胡义杰，CreatAR Images
奖项：中国建筑学会大奖：2017～2018年度
室内设计一等奖

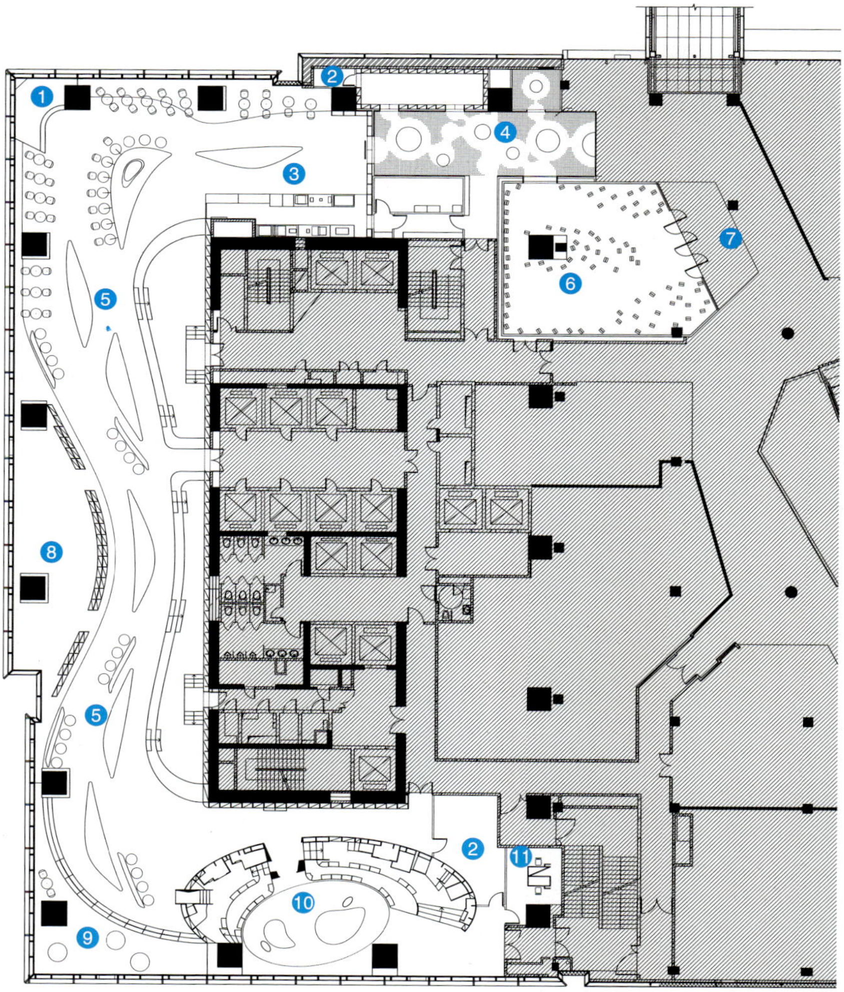

1. 独立阅览区
2. 库房
3. 咖啡吧
4. 畅销书展区
5. 大厅
6. 购书推荐区
7. 正门入口
8. 艺术和设计空间
9. 阅读营地
10. 儿童空间
11. 行政办公区

平面图

案例 32

钟书阁（苏州店）按照钟书阁的布店习惯，被分成四个主要功能区和几个细分的辅助功能区。四个主要空间被塑造成“水晶圣殿”“萤火虫洞”“彩虹下的新桃花源”和“童心城堡”，它们组合成了一个完整的世界。

书店入口是新书展示区，当季的新书被放置在专门设计的透明亚克力搁板上，仿若飘浮在空气中。这里除书之外，再无余物。建筑师用玻璃砖、镜子、亚克力等材料把这个区域塑造成“水晶圣殿”。

接着来到畅销书展区，幽黑的“萤火虫洞”与洁白的“水晶圣殿”形成对比。设计师用光导纤维来创造萤火虫般的光辉，引导人们走入这个“萤火虫洞”。

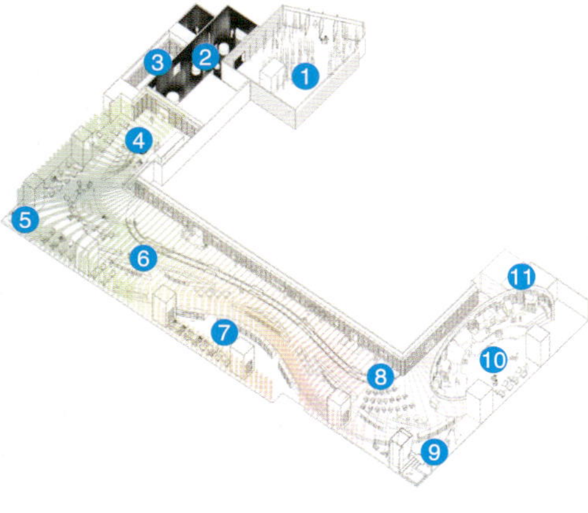

1 购书推荐区
2 畅销书展区
3 杂志区
4 咖啡吧和收银台
5 独立阅览区
6 大厅
7 艺术和设计空间
8 活动空间
9 阅读营地
10 儿童空间
11 行政办公区

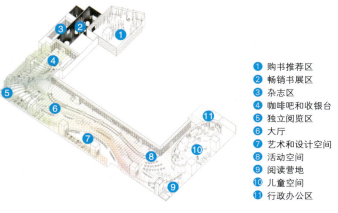

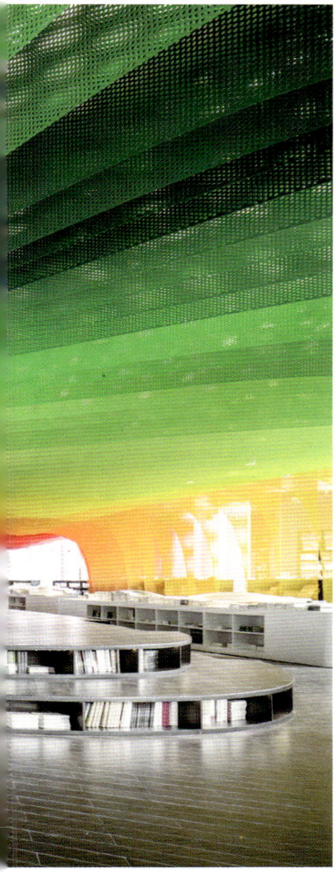

“萤火虫洞”的尽头，空间豁然开朗，明亮的自然光线透过大面积的落地玻璃幕墙洒向室内。咖啡吧和收银台布置在中间。另一边是图书阅览空间，设计师利用书台、书架、台阶等，创造出悬崖、山谷、激流、浅滩、岛屿和绿洲般的视觉效果。

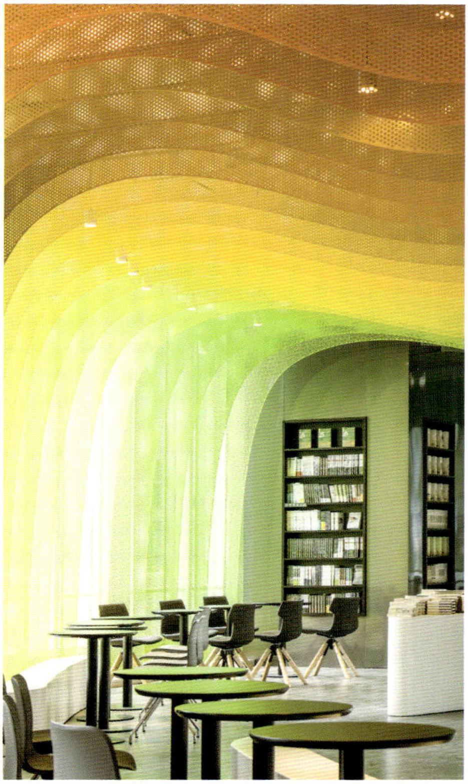

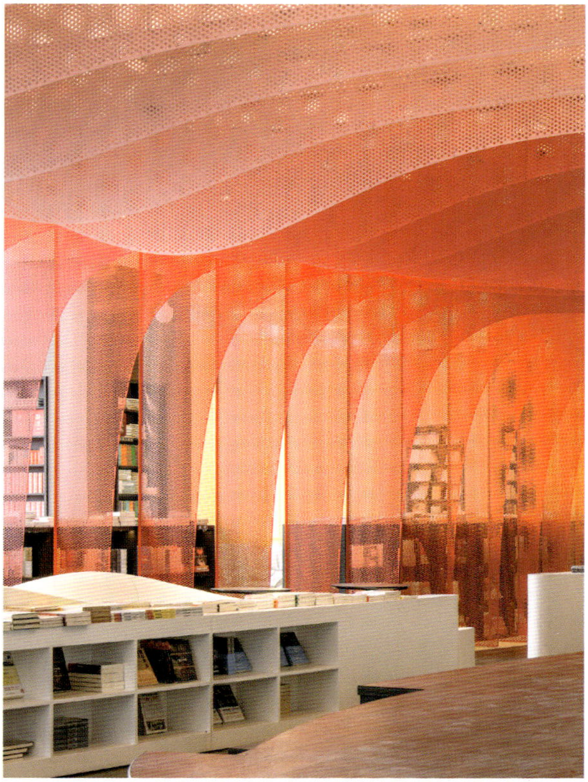

“彩虹”般绚烂的空间尽头浮现出一个白色的椭圆形城堡——儿童阅读区。这座“童心城堡”是由小屋建筑的正反面互相穿插组成的很有参与感的空间。设计师将 ETFE 膜作为外墙，组成了一个半透明的迷你城市。孩子们在这里可以无拘无束地浏览书籍、交流，或者看着窗外的世界遐想。“彩虹”落地形成的垂直曲线隔断和直线的建筑边界之间形成了不同层次、不同尺度的读书空间：有可以俯瞰街头的一个人的阅读角，有开放的多人场所，也有藏着供孩子们私密阅读的帐篷。

与城市共同成长

基本信息

项目名称：覔书店（东莞国贸店）

项目地点：中国，东莞

项目面积：4 000 平方米

完成时间：2018 年

设计公司：靳刘高设计

摄影：聂晓聪，钟谨燮

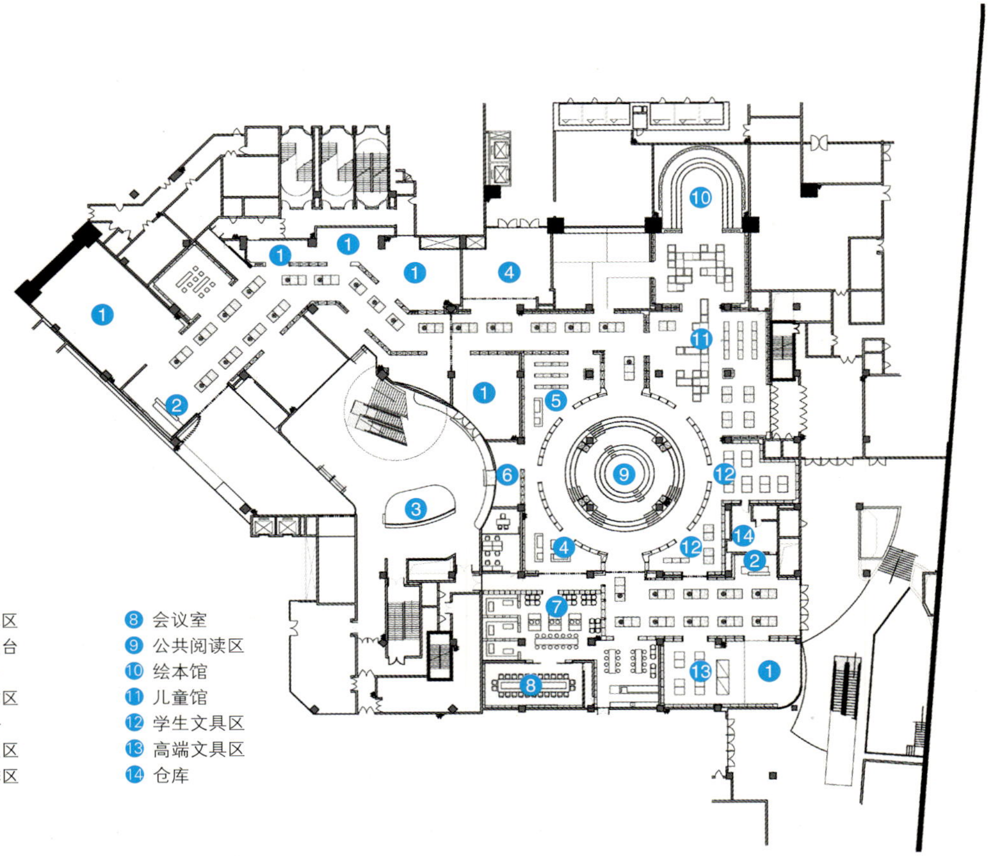

1. 品牌区
2. 收银台
3. 舞台
4. 手作区
5. 书房
6. 茶饮区
7. 咖啡区
8. 会议室
9. 公共阅读区
10. 绘本馆
11. 儿童馆
12. 学生文具区
13. 高端文具区
14. 仓库

平面图

案例

33

这是覔书店的第十家店，位于东莞国贸中心，存书量约 20 万册。书店作为城市的文化栖息地，与城市一起不断地翻新、变化。设计团队希望与覔书店一起，在东莞讲述成长的故事。

在商场的公共区，设计团队设置了一块区域作为书店的前厅，让读者拥有进店前的情绪过渡空间。同时，他们还在前厅的墙面上置入了一个面积巨大的迷宫装置，来表达“寻觅”的感觉，让品牌的精神具象化。环形空间的设计灵感来自古希腊的下沉剧场及古罗马的元老院，人们常被那个时代忘我、求真的智慧曙光所吸引，设计团队希望在国贸店重现这种氛围。“覔思坛”是所有读者思想交锋的场所。设计师试图打破讲述者与听众对立的状态，将这个地方当作近距离遇见知识的空间去设计。观众可以在这里接近讲述者，直观地对知识和真理进行探讨。

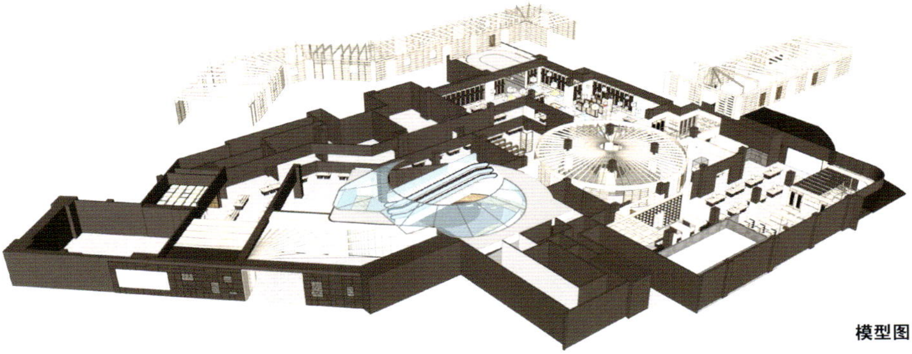

模型图

如果说“覔思坛”是成人思辨的场所，那么另一处便是孩童探寻世界的根据地——高高低低的“孔明灯”悬挂在儿童馆的天花板上。绘本是孩子梦想中的小世界，设计师想在现实中为他们创造一个绘本中的小天地，便将“月亮”带到了绘本馆。镜像的天花板映照出地面的点点星辰，孩子们在阅读过程中不断仰望天花板，直至有一天伸手即可触碰“月亮”时，便是少年长大之时。

The night opens the flowers in secret and allows the day to get
The power of imagination makes us

在努力诠释覔书店与东莞共同成长的故事的同时，设计团队也不忘在书店内营造更好的阅读氛围，让每一位读者都能在这里找到自己的安心之所。

人们可以在文创区完成手作，享受午后阳光穿过冲孔板洒下的斑驳光点的悠闲时光；或是在某个百无聊赖的周末，进入店内随手拿起一本书，让自己沉浸在书海之中。

DING MI
开始我的覓阅之旅。
社科畅销
经管畅销
文学畅销
生活畅销

INDEX

索引

P 216

恒田设计

Tsuneda_design@163.com

P 134

建筑营设计工作室

www.archstudio.cn

PP 062, 246

靳刘高设计

www.klandk.com

PP 020, 174, 188

峻佳设计

www.karvone.com

P 222

拉多・罗米塔什维利（Lado Lomitashvili）

ladolomitashvili@gmail.com

P 152

米凹工作室

www.ateliermearc.com

P 146

上海交通大学设计学院思作设计工作室

wbfan@sjtu.edu.cn

P 196

深圳合吉空间艺术有限公司

www.hejidesign.com

P 012

水平线设计

www.cnhorizontal.com

PP 002, 054, 102

唯想国际

www.xxxxxx.design

P 202

亚瑟・卡萨斯（Arthur Casas）

www.arthurcasas.com

P 166

谢文智

www.facebook.com/profile.php?id=100012772984535